Dr Henry MEIGE

LES

POSSÉDÉES NOIRES

PARIS
IMPRIMERIE SCHILLER
10, Faubourg Montmartre

1894

A Monsieur le Dr Millard
son élève reconnaissant
et dévoué
Henry Meige

Dr Henry MEIGE

LES

POSSÉDÉES NOIRES

PARIS
IMPRIMERIE SCHILLER
10, Faubourg Montmartre

1894

AVANT-PROPOS

AVANT-PROPOS

I

Au fur et à mesure que se multiplient les explorations lointaines, les voyageurs nous font parvenir des renseignements nouveaux sur les croyances et les coutumes des peuples avec lesquels ils entrent en contact.

L'intérêt de ces documents est déjà grand en soi; mais leur comparaison avec les faits similaires recueillis chez les anciens ou observés de nos jours, constitue surtout une étude fructueuse, riche en découvertes imprévues.

Si le naturaliste, le philologue, le géographe, l'historien, puisent d'utiles indications dans les relations des explorateurs, le médecin lui-même ne doit pas les négliger, car il y trouvera une source féconde en détails nouveaux et intéressants.

Les pratiques des peuples les plus primitifs, toutes barbares qu'elles semblent, ne sont pas nécessairement illogiques et vaines.

Si le rationalisme scientifique est la méthode la plus certaine pour assurer la marche régulière du progrès, l'empirisme peut aussi revendiquer quelques droits dans les découvertes de l'humanité. En thérapeutique particulièrement, les révélations du hasard transmises à travers les générations contiennent souvent d'utiles enseignements.

D'autre part, le courant actuel qui entraîne un grand nombre d'Européens vers des contrées nouvelles, les expose à des maladies encore insuffisamment connues. En dehors de l'utilité que comporte une étude nosographique plus complète, la connaissance des procédés hygiéniques ou thérapeutiques mis en usage par les indigènes pour combattre ces affections, peut faciliter l'institution des méthodes de traitement correspondantes.

Enfin, en se plaçant à un point de vue plus général, il n'est pas sans intérêt d'envisager les similitudes et les dissemblances entre les manifestations d'une même maladie chez les différentes races qui peuplent notre globe.

Une étude complète de nosographie comparée nécessiterait d'interminables recherches, les documents indispensables à son élaboration étant épars, et jusqu'à ce jour peu abondants. Mais il n'est pas impossible d'entreprendre un travail de ce genre pour une forme morbide en particulier. D'autres tentatives analogues venant s'ajouter peu à peu à la première, faciliteront l'œuvre de synthèse, en concentrant les matériaux disséminés.

A ce titre, et en dehors de leur nouveauté, les faits qui font l'objet de ce travail de critique médicale, méritaient d'être collationnés.

Ils ajoutent un chapitre inédit à l'histoire des manifestations névropathiques chez les peuples les moins civilisés (1).

(1) Un grand nombre des documents que l'on trouvera utilisés au cours de cette étude, m'ont été communiqués par mon excellent ami, M. Maurice Delafosse, dont les travaux sur les langues des peuples de l'Afrique Centrale ont acquis rapidement une juste réputation. Je ne saurais trop le remercier de son concours bienveillant et éclairé.

II

A moins d'avoir le temps et la bonne fortune d'entreprendre des pérégrinations lointaines, c'est uniquement dans les écrits des explorateurs qu'on peut trouver les éléments d'une telle étude.

Si dans certains d'entre eux la vérité est parfois altérée par l'ignorance du narrateur, ou par cette tendance irrésistible qui pousse les plus sincères à dénaturer les faits dont ils ont été, au loin, seuls spectateurs et seuls juges, la multiplicité des témoignages devient une garantie de leur authenticité. Les relations de voyages sont tellement nombreuses qu'on ne saurait avoir la prétention de les consulter toutes. Le relevé des renseignements puisés aux sources les plus récentes et les plus autorisées suffit amplement à l'édification d'une opinion que d'autres faits pourront corroborer par la suite. Il existe d'ailleurs une telle similitude entre les documents en question qu'on s'exposerait à de monotones redites en multipliant les citations.

On rencontre parfois dans les relations des voyageurs des descriptions méthodiques se rapportant à telle ou telle maladie. C'est qu'alors un observateur consciencieux, médecin en titre ou médecin improvisé, s'attachant à l'examen et à l'interprétation des symptômes, a transmis fidèlement ses constatations.

Mais pour les maladies nerveuses, les documents sont beaucoup plus rares, car nombre de signes qui pour le neuropathologiste constituent des indications précieuses, passent fréquemment inaperçus de celui dont l'attention n'a pas été attirée sur eux.

D'autre part, les maladies nerveuses, les névroses surtout, ne se révèlent pas toujours à l'observateur non prévenu, sous l'apparence d'affections morbides, et il faut souvent, pour les découvrir, les chercher dans des manifestations où il semble que la pathologie n'ait pas à revendiquer ses droits.

Lorsqu'on voyait au moyen-âge une femme tomber en convulsions, rouler les yeux, tirer la langue, se débattre comme une forcenée en poussant des cris effrayants, nul ne pensait que cet appareil tumultueux pût être le fait d'une affection nerveuse. On rapportait au pouvoir néfaste du démon des accidents, qui aujourd'hui, sont universellement mis sur le compte de l'hystérie.

Quand les danseurs de Saint-Guy parcouraient, au XIVe siècle, les villages de l'Allemagne, du Luxembourg et des Pays-Bas, menant sur les carrefours et les places publiques leurs farandoles délirantes, entraînant à chaque étape de nouveaux adeptes dans leur vertigineux tourbillon, on voyait encore dans ces débordements une manifestation de l'esprit du mal.

Ainsi furent jugés également les paysans de la Pouille qui, au XVe siècle, se disaient piqués de la tarentule ; les frénétiques danseurs autour des feux allumés à l'occasion de la Saint-Jean, de la fête des Rois ou de la Noël. Tels aussi les adeptes de certaines sectes religieuses au XVIIe et au XVIIIe siècles, les Manichéens, les Anabaptistes, les Cicètes, les Jumpers, etc., et les scènes tumultueuses près du tombeau du diacre Pâris.

Les exemples sont si nombreux dans l'histoire qu'on ne sait auxquels se rapporter de préférence.

Mais cette abondance même de documents similaires montre combien sont fréquentes les manifestations de la névrose dont la nature morbide était restée méconnue.

Aujourd'hui cependant, la chose est hors conteste, la majorité de ces faits doit être rattachée à des accidents névropathiques bien connus et bien décrits, dont l'équivalent pathologique s'observe journellement dans les hôpitaux.

D'ailleurs, les grandes agitations nerveuses ne datent pas seulement de l'époque chrétienne. Nous avons déjà eu l'occasion du signaler nombre de faits analogues dans l'antiquité grecque ou romaine (1).

Les orgies dionysiaques, les cérémonies de divination enthousiaste, les bizarres coutumes des Curètes, des Corybantes, des prêtres Saliens, etc., relèvent du même désordre névropathique que les agitations des Possédées du Diable, des danseurs de Saint Guy ou des sorciers du Moyen-Age.

Eh bien ! si l'on reconnaît que ces scènes bruyantes de l'antiquité païenne ou chrétienne ne sont que des manifestations d'un déséquilibre nerveux, l'hystérie principalement, on doit attribuer la même origine aux débordements du même genre qu'on observe aujourd'hui chez les peuples les plus primitifs.

Chez les peuplades de l'Afrique centrale, sur lesquelles ont surtout porté nos investigations, le parallèle peut se poursuivre jusque dans les moindres détails.

(1) Henry Meige. *Les Possédées des Dieux dans l'Art antique*, Nouv. Icon. de la Salpétrière, n° 1, 1894, et *L'Hystérie dans l'Art antique*, Intern. med. phot. Monatsschrifft, nos 5 et 6, 1894.

Nous publions prochainement une critique de ces manifestations névropathiques dans l'antiquité, d'après des renseignements puisés dans les textes anciens.

I

LES POSSÉDÉES NOIRES

LES POSSÉDÉES NOIRES

Dans l'histoire de toutes les religions, passées ou présentes, on trouve à glaner des faits dont l'interprétation médicale s'impose. Mais c'est surtout dans les descriptions des rites divinatoires ou de certaines pratiques religieuses qu'il faut chercher ces renseignements. A ne s'en tenir qu'aux cultes de l'antiquité gréco-romaine et aux croyances du monde chrétien jusqu'au XVIIIe siècle, les documents que nous possédons serviront amplement pour établir des comparaisons avec les désordres névropathiques observés dans la race noire.

Il faut remonter aux temps les plus reculés de la Mythologie hellénique pour retrouver les origines des oracles, qui furent plus tard réglementés par de véritables instituts divinatoires.

Dans l'antique religion Pélasgique, bien longtemps avant l'arrivée d'Apollon, le Parnasse était habité par les divinités chtoniennes : Géa, Thémis, les Nymphes ses filles, et Dionysos son fils.

Le fond de cette religion était « l'*animisme*, qui voit dans tous les phénomènes de la nature l'action de forces occultes, inséparables ou séparables, mais toujours distinctes des corps qu'elles meuvent. Ces esprits de la nature peuvent se manifester à l'état de *souffles,* de *voix*, perçues soit par l'intermédiaire de l'oreille, soit directement, avec l'énergie d'une parole intérieure qui prend l'âme d'assaut (1)....

L'oracle pélasgique de Dodone n'était sans doute à l'origine qu'une forêt dans laquelle retentissait la voix du grand Zeus, apportée par le vent et l'orage. »

Le frémissement des feuilles, le murmure des sources, les bruits mystérieux des abîmes, tel était un des modes de manifestation de la divinité, constituant ce qu'on peut appeler les *voix extérieures.*

La croyance à ces voix mystérieuses des arbres et des eaux se retrouve dans les religions les plus primitives. Les peuplades noires de l'Afrique centrale n'en sont pas exemptes.

Schweinfurth rapporte que, pour les Niam-Niams, « la forêt est la demeure d'êtres invisibles qui conspirent sans cesse contre les hommes ; et dans le bruissement du feuillage, ils croient entendre leurs dialogues mystérieux ».

Ces voix, qui peuvent être entendues de tous, sont parfois interprétées par des devins qui leur attribuent telle ou telle signification, selon leur gré ou suivant certaines règles préétablies. Tel est le principe de la *divination inductive* dont les formes sont variées à l'infini.

Mais il est d'autres méthodes divinatoires dans lesquelles les désordres nerveux tiennent la première place.

Dans tous les temps et chez tous les peuples, les accidents convulsifs bruyants de la névrose ont surtout frappé l'esprit de la foule. Et toujours, elle a cherché à

---

(1) Bouché-Leclerc. *Histoire de la Divination dans l'Antiquité.*

expliquer par une intervention surnaturelle des accidents qui semblent échapper aux lois de l'équilibre vital.

Le christianisme a imaginé la *Possession Diabolique* : il n'a rien inventé de nouveau et n'a fait qu'adapter à ses croyances les idées du monde païen. Avant les possédées du démon existaient de longue date les *Possédées des Dieux.* Pour dépouiller les divinités antiques de tous leurs privilèges séduisants, on en fit autant d'incarnations de l'esprit du mal. Belzebub et Lucifer prirent la place de Dionysos et d'Apollon. Et le Dieu des Enthousiasmes et des Fureurs Prophétiques devint le Diable qui torturait ses possédées.

Ces fureurs enthousiastiques et ces débordements des démoniaques ont entre eux bien des points de ressemblance. On trouve d'ailleurs dans l'histoire des *Possédées* d'étranges inconséquences ; chez les unes, c'est le diable qui parle par leur bouche ; chez d'autres, au contraire, c'est la voix de Dieu La scholastique du temps s'accommodait sans peine de ces contradictions surprenantes. Et si l'on compare les descriptions des rites divinatoires de l'antiquité aux scènes des exorcismes de l'Eglise chrétienne, si l'on rapproche les orgies dionysiaques des épidémies prophétiques moins éloignées de nous, on ne peut s'empêcher de reconnaître que toutes ces manifestations tumultueuses semblent soumises à une même loi générale : *la loi de l'unité et de la constance d'un phénomène pathologique.*

L'idée de *possession par la divinité* se rencontre aussi chez les populations nègres de l'Afrique.

« On voit communément, dit P. Labarthe à Juda (Ouida), des jeunes filles ou des femmes faire semblant (?) de tomber sans connaissance. Les pères ou les maris s'imaginent qu'elles sont ce qu'ils appellent, *prises du fétiche*, s'empressent de les porter dans le temple où elles restent pendant trois mois sous la garde des prêtres. » (1).

Ainsi faisait-on encore en Europe, il y a deux siècles seulement. Quand une femme tombait subitement en attaque, on la conduisait à l'exorciste le plus voisin. Celui-ci tentait de chasser par des prières le malin esprit qui avait pris possession du corps de la malheureuse. Et quand on avait affaire à un démon récalcitrant, la possédée restait enfermée dans le lieu saint jusqu'à ce qu'elle eût donné des signes d'une guérison plus ou moins authentique.

C'est ce qu'il advint par exemple de deux religieuses hystériques, dont les accusations mensongères conduisirent au bûcher, en 1611, l'infortuné Gaufridy, prêtre de l'église des Acoules à Marseille. Ces deux filles restèrent pendant plusieurs mois sous la garde de prêtres qui s'efforçaient à grand renfort d'exorcismes de chasser les innombrables démons du corps de ces deux soi-disant possédées.

De bonne heure, à l'idée de possession, s'est rattachée celle du pouvoir prophétique. Les méthodes divinatoires *intuitives* sont nées de ce rapprochement. Si l'on admet, en effet, qu'un être surnaturel, dieu ou diable, ait élu domicile dans le corps d'un individu, on en déduit logiquement qu'il est capable de prononcer des paroles ominales par la bouche de celui qu'il lui a plu de posséder.

Ce qui contribua pour la plus grande part à accréditer cette croyance, c'est le fait que dans certains états pathologiques les patients croient entendre des voix parlant à leurs oreilles ou sortant malgré eux de leur bouche.

Chacun sait, en effet, que nombre de malades sont sujets à des hallucinations auditives. Quelques-

(1) P. Labarthe. *Voyage à la côte de Guinée*, Paris 1803.

uns ont conscience de la nature morbide de ce phénomène. D'autres, au contraire, le considèrent comme une réalité et se figurent que, *réellement*, un personnage imaginaire leur tient des discours. Ils répètent même avec une sincérité évidente les paroles qu'ils ont entendues. Leur interlocuteur invisible peut être un homme ; il peut aussi avoir une origine surnaturelle, être un esprit, un démon ou un dieu. Que ces malades viennent à traduire leurs hallucinations devant un public inculte et superstitieux, il ne manquera pas d'esprits simples pour les croire véritablement inspirés et accepter leurs propos délirants comme article de foi. L'étrangeté du fait, leurs allures singulières et l'incohérence même de leurs discours ne feront qu'ajouter du crédit à leurs *voix*.

De tous temps, les aliénés ont été pour le vulgaire, un objet de crainte superstitieuse, surtout quand dans leur délire ils prétendaient entrer en communication avec la divinité.

C'est là une première hypothèse et elle peut donner l'explication de bien des soi-disant prophéties.

En restant dans le domaine des troubles hallucinatoires, on peut encore incriminer une autre variété d'hallucination : celle où le malade, au lieu d'entendre des voix, sent sa langue articuler des mots. C'est ce qui constitue l'*hallucination verbale psycho-motrice* dont le degré extrême, *l'impulsion verbale*, conduit à prononcer les mots à haute voix sans que ceux-ci soient en rapport avec les idées. Il semble à l'halluciné qu'on remue sa langue, qu'un autre que lui-même parle par son organe, en dehors de sa volonté.

Il finit par s'imaginer que cet autre habite son corps, qu'il le partage avec lui, en un mot que cet autre le *possède*. Et lorsque, sous l'empire de l'hallucination motrice, le malheureux prononce un mot, une phrase malgré lui, il l'attribue à ce *possesseur* mystérieux qui a pénétré tout son être et qui l'utilise comme s'il était sien.

Ainsi naissent souvent les *idées de possession* sur lesquelles les aliénés construisent des délires divers. De nos jours, comme par un reliquat de la foi du Moyen-Age, le possesseur est encore fréquemment un démon. Tels furent en effet nombre de ces possédés du diable dont on fit de si cruelles hécatombes sur les bûchers de l'Inquisition.

Dans l'antiquité païenne, ces phénomènes passaient pour des signes de la possession divine, et les paroles prononcées sous l'influence des hallucinations n'étaient autres que les paroles de Dieu.

Chez les peuples sauvages, on rencontre à la fois les mêmes phénomènes et la même interprétation. Les sujets passent pour les révélateurs de la pensée du Dieu qui, pour un temps, a pris possession de leur corps.

On peut donc déjà trouver dans ces troubles hallucinatoires l'explication des voix intérieures que prophètes et prophétesses transmettent aux consultants.

Mais si ces accidents pathologiques paraissent, non sans raison, avoir joué un rôle dans la genèse des oracles primitifs, il en est d'autres qui semblent encore plus directement en rapport avec les pratiques de la divination.

Dans la période délirante de l'attaque, les hystériques sont sujets à des hallucinations de toute espèce, et ils font connaître par leur mimique et par leurs discours les images qui s'éveillent successivement dans leur esprit.

Les tableaux qu'ils voient se dérouler sous leurs yeux, les propos imaginaires qu'on leur tient, les sensations qu'ils éprouvent, en un mot, toutes leurs impressions, ils peuvent les traduire par le langage et y faire participer les assistants.

Visions agréables ou terrifiantes, scènes voluptueuses ou dramatiques, entretiens divins ou diaboliques, se succèdent parfois sans interruption, au fur et à mesure que se produisent les troubles hallucinatoires.

D'autres fois, le délire est plus simple, une seule image domine dans le tableau, et si le malade croit entendre une voix divine, il en donnera l'expression avec une mimique saisissante et avec un langage éloquent, bien faits pour impressionner les plus incrédules. L'histoire du christianisme est peuplée d'extatiques et de visionnaires qui rentrent dans cette catégorie.

D'ailleurs, les autres manifestations bruyantes de l'hystérie venaient ajouter un appoint considérable à la croyance en un phénomène mystérieux. Les accidents convulsifs, les attitudes illogiques, les mouvements désordonnés, les gestes irréfléchis des malades deviennent autant de signes de l'intervention d'une puissance extra humaine. Une force surnaturelle seule semble capable de les produire : c'est le Dieu, temporairement incarné dans le corps d'un mortel, qui annonce par une agitation insolite sa prise de possession.

La chresmologie enthousiaste n'a pas eu d'autre origine dans l'antiquité. Représentée dans sa forme la plus primitive par les propos délirants d'une hystérique hallucinée, dont la foule rapportait les transports à la possession divine, elle fut réglementée plus tard par des prêtres adroits qui comprirent vite la nécessité de prendre entre leurs mains la direction des prophéties pour les diriger selon leur intérêt.

Ainsi naquit la Pythie de Delphes, qui devait jouer dans l'histoire politique et religieuse du monde ancien un rôle si prépondérant, que pendant plusieurs siècles, pas un chef de peuple n'osa tenter une entreprise sans l'avoir préalablement consultée et rempli des plus riches offrandes le sanctuaire où elle dictait ses oracles.

Nul doute que chez les peuples noirs la même origine ne doive être attribuée aux prophéties dont les féticheurs savent user pour leur plus grand profit.

La divination enthousiaste existe en effet chez les peuplades nègres de l'Afrique équatoriale. M. Paul du Chaillu en a rapporté un exemple plein d'intérêt (1).

La cérémonie se passait chez les *Bakalé*. Il s'agissait de consulter *Hogo*, une divinité qui est censée habiter dans la lune, pour connaître les causes de la maladie du roi.

Le soir, les femmes du village se rassemblèrent devant la demeure du roi et entonnèrent des chants en l'honneur d'Hogo.

« Une d'elles, placée au milieu du cercle qu'elles formaient, et chantant avec ses compagnes, *tenait ses yeux constamment fixés sur la lune*, attendant que l'esprit l'inspirât et lui dictât des prophéties.

» Deux femmes se succédèrent à ce poste sans recevoir l'inspiration. Une troisième se présenta : c'était une petite femme sèche et *nerveuse*. Dès qu'elle fut assise par terre, les chants redoublèrent de vivacité, et l'animation des assistants devint extrême. On battit du tamtam; la foule se mit à pousser des cris sauvages. La femme qui, tout en chantant avec énergie, *ne cessait de contempler la lune, commença à trembler de tous ses membres; ses nerfs se contractèrent, son visage se décomposa, ses muscles se roidirent, et elle tomba enfin par terre privée de sentiment.* »

Elle reprit ses sens « au bout d'une demi-heure et paraissait très abattue ». Elle attesta qu'elle *avait vu* Hogo — et qu'il lui avait dit que le roi serait guéri.....

Il est impossible de ne pas reconnaître dans cette description qu'il s'agit d'accidents hystériques. Rien ne

(1) Paul du Chaillu. — *Voyages et aventures dans l'Afrique équatoriale.* Paris 1863, p. 449.

manque au tableau de l'attaque classique : elle est provoquée par la fixation prolongée d'un corps brillant (la lune); bientôt se produisent le changement de coloration du visage, la perte de connaissance, les mouvements épileptoïdes, les contractures et le rêve délirant dont le souvenir persiste au réveil....

On verra par la suite que les exemples de ce genre sont nombreux. Et c'est un fait digne de remarque, que de retrouver, à l'origine des civilisations, les mêmes troubles pathologiques, présidant à l'éclosion des mêmes croyances et à l'institution des mêmes pratiques religieuses.

II

LES DANSES NÉVROPATHIQUES

LES DANSES NÉVROPATHIQUES

Ce n'est pas seulement à l'occasion des cérémonies divinatoires qu'on voit se manifester des phénomènes dont la nature névropathique éclate d'une façon évidente.

En poursuivant le parallèle que nous avons cherché à établir dès le début entre les rites des religions païennes et les pratiques des peuples sauvages, on comprendra combien nombreuses sont les analogies entre les manifestations religieuses qui s'accompagnent de scènes bruyantes et désordonnées, quelle que soit l'époque à laquelle on les étudie.

On n'est pas médiocrement surpris en effet de retrouver des cérémonies en tous points comparables aux *Orgies* de l'antiquité chez les peuplades les plus primitives n'ayant jamais eu aucune relation avec les anciens. Si, pour certains peuples de l'Europe, de l'Asie ou du nord de l'Afrique, on veut alléguer qu'une tradition ait perpétué ces coutumes, cette hypothèse devient inadmissible quand il s'agit des races sauvages de l'Amérique ou de l'Afrique centrale. Même pour les sectes hindoues ou musulmanes, on ne peut guère songer à la transmission à travers les siècles d'un semblable rituel.

Et pour expliquer cette similitude des cérémonies orgiastiques aux différents âges et chez les différents peuples, il faut chercher leurs points de contact dans l'identité des manifestations névropathiques chez tous les représentants de l'espèce humaine.

Dans l'Antiquité hellénique, les plus complètes manifestations des rites orgiaques appartiennent au culte de Dionysos, le dieu des ivresses furieuses, qu'accompagne le bruyant cortège des Ménades, des Satyres et des Thyiades, dansant leurs farandoles échevelées.

C'est lui qui répand l'*enthousiasme*, ce trouble mental qui surprenait si fort les anciens, et dont les degrés divers, l'allégresse bachique, le soufle poétique et la folie divinatoire, étaient considérés par Platon comme des manifestations d'une même inspiration surnaturelle, la *Mania,* envoyée par les dieux.

Pour lui, le délire prophétique n'est qu'une forme de la révélation qui peut aussi revêtir d'autres aspects. Telle est l'ivresse mystique envoyée par Dionysos. Tel aussi le pouvoir des Muses, et enfin la forme la plus pure, la contemplation philosophique dans laquelle la raison s'unissant à la pensée divine sans s'absorber en elle, procure à l'homme des jouissances comparables aux délices d'Eros.

Sans insister davantage sur cette conception platonicienne, il est bon de retenir les paroles du philosophe à propos du pouvoir prophétique :

« Il est suffisamment prouvé, dit-il, que Dieu a donné le pouvoir divinatoire à la démence humaine, car nul s'il possède ses esprits, ne s'illumine de l'inspiration divine, prophétique et véridique ; mais seulement si le sommeil a enchaîné la force de sa raison, ou bien *s'il est égaré par la maladie ou par un certain enthousiasme* » (1).

Ainsi Platon avait constaté que les prétendus prophètes éprouvaient des troubles mentaux particuliers, et il n'hésitait pas à les rapporter à un état morbide.

Lui-même, dans un autre passage, les identifie à ceux que présentaient les Corybantes, ou les Ménades, et il montre combien ce délire était contagieux (2).

Cette forme bruyante et convulsive de la *Mania*, l'*Enthousiasme*, que les prêtres de Delphes avaient si adroitement réglementée pour assurer le fonctionnement de leur oracle, se manifestait librement au cours des cérémonies religieuses en l'honneur de Dionysos.

Au début, les fêtes de Dionysos eurent toute la simplicité des réjouissances rustiques qui se reproduisent chaque année avec les événements importants de la vie agricole.

« On célébrait, dit Plutarque, la fête du dieu avec des formes simples qui n'excluaient pas la gaieté ; on portait en tête une cruche pleine de vin et couronnée de pampre. Puis venait un bouc soutenant un panier de figues, enfin le phallus, symbole de la fertilité » (3).

C'était le temps des vendanges : et la joyeuse allégresse qu'entraîne la récolte du raisin, se manifeste encore de nos jours dans certaines campagnes sous cette forme primitive, exempte de tout symbolisme compliqué. On chante, on danse autour des cuves pleines dans la griserie des premiers bouillonnements du vin.

Avec les progrès de la civilisation, les Dionysies champêtres firent place aux Dionysies des villes qui de-

(1) Platon, Timée, LXXI.

(2) *Ibid.*, Ion. V.

(3) Plutarque. *De Cupid. divit.*, c. 8.

vinrent les grandes fêtes de Dionysos, le dieu qui rend l'esprit libre et qui chasse au loin les tristesses.

Les processions devinrent somptueuses, les représentations théâtrales attirèrent un grand concours d'étrangers. Ce fut bientôt une institution dont l'Etat réglementa la marche, veillant à l'exécution d'un programme longuement préparé (1).

Mais à côté de ces fêtes, du vin et de la moisson, de ces réjouissances au grand jour, toutes éblouissantes de soleil et d'exhibitions colorées, prirent place des cérémonies plus sombres, plus mystérieuses aussi.

Telles furent les Nyctélies, les Triétéries et les Bacchanales, qui, au début, n'étaient célébrées que tous les trois ans, à l'époque du solstice d'hiver, pendant la plus longue nuit de l'année (2).

C'est alors qu'on voyait, gravissant les flancs escarpés du Parnasse, la troupe tumultueuse des adoratrices du Dieu.

Bientôt, sur les cimes arides, à la lueur vacillante des torches, s'ébranlait la ronde insensée des Ménades, des Thyiades et des Bacchantes en délire. Les cheveux au vent, les vêtements en désordre, agitant les thyrses, frappant les cymbales et les tympanons, elles menaient leurs farandoles étourdissantes, antiques sorcières d'un antique sabbat.

C'était une danse effrénée, des gesticulations extravagantes, une débauche de postures bizarres et d'attitudes convulsées, invraisemblables ou indécentes, où l'équilibre du corps, comme l'équilibre de l'esprit, semblait soustrait aux lois de la nature (3).

---

(1) Diod. Sic. IV. 5. *Saturnal. I. 16.* — Pausanias. II, ch. 6 et X, ch. 7.

(2) Plutarch. *Quœst. rom.* 25. § Diodore de Sic. IV. 3.

(3) Lobeck. *Aglaoph.* p. 653 et seq.

Aussi ces transports furibonds donnaient-ils aux Bacchantes un prestige mystérieux qu'on rapportait à l'inspiration divine. On les voyait accomplir avec leurs membres frêles de véritables tours de force ; elles osaient s'emparer de hideux serpents qu'elles enroulaient à leurs bras ou qu'elles mêlaient à leur chevelure (1) ; les thyrses entre leurs mains devenaient des baguettes magiques, qui, frappant le sol, faisaient jaillir des fontaines de lait ou de ruisseaux de vin (2).

Quand les Ménades avaient atteint le plus haut degré de la fureur bachique, elles se livraient à de véritables scènes de carnage. Se jetant dans leur emportement sanguinaire sur les victimes destinées aux sacrifices, elles les dépéçaient avec leurs ongles et mordaient à pleines dents leur chair encore palpitante (3).

Les représentations figurées des scènes d'orgies dionysiaques nous montrent ces énergumènes armées de poignards et de couteaux dont elles frappent les biches et les chevreuils, n'épargnant même pas les hommes, au dire de certains auteurs.

A Athènes, les Dionysiaques qui se célébraient à l'approche du printemps, donnaient lieu à des excès du même genre.

La journée se passait en processions et en spectacles, où les fidèles se livraient à des danses extravagantes. Beaucoup, au dire des auteurs, s'agitaient comme des insensés au point d'en perdre la raison, et de tomber par terre privés de connaissance.

Des troupes de gens couronnés de fleurs, de fenouil, ou de lierre, les vêtements en désordre, dansaient et

(1) Ovide. *Fast.* VI. 153. — Catulle.

(2) Euripide. *Bacchantes.* v. 700 et sq. — Voy. Pausanias II. Ch. VII.

(3) Voy. Euripide, *Bacchant.*, 494 sq. 156.139.225.

chantaient à perdre haleine, déchirant de leurs ongles et de leurs dents les entrailles toutes crues des victimes, serrant des serpents dans leurs mains, les entrelaçant dans leur cheveux, ou se roulant par terre avec les plus étranges contorsions.

Le soir, une foule hurlante s'abandonnait dans les carrefours, à des transports que l'ivresse du vin ou des sens ne suffisent pas à expliquer.

Et au milieu de ce tumulte, certains se mettaient à prophétiser et passaient pour les révélateurs de la pensée du dieu qui les *possédait*.

Assurément, il serait excessif d'attribuer à toutes les manifestations de la chorégraphie une origine névropathique. La danse a été de tous les âges ; elle existe et existera toujours chez tous les peuples. C'est une gymnastique et une esthétique. A ces titres, on ne saurait trop la louer.

Mais à côté des danses élégantes et pondérées, il en est d'autres où le déséquilibre du corps semble intimement lié au déséquilibre de la raison.

Les religions ont toujours cherché à exalter la sensibilité nerveuse sur laquelle la danse a une puissante action, au profit de l'idée dogmatique. Les Hébreux, les Egyptiens, les Grecs, les Romains avaient leurs danses sacrées. Et dans le trouble des sens qui en résultait le plus souvent, on voyait une manifestation de la puissance divine en faveur de ceux qui cherchaient ainsi à affirmer leur foi.

Or, si, parmi les énergumènes de la danse, beaucoup raisonnent leurs entraînements, nombreux aussi sont ceux qui, névropathes prédisposés, tombent sous son influence énervante, dans un état qui relève de la pathologie.

On peut, en généralisant encore davantage l'interprétation, appliquer aux danses de l'antiquité les remarques judicieuses que faisait M. P. Richer, à propos des danseurs de Saint-Guy, du Moyen-Age :

« La chorée rythmique, qui ne saurait être confondue avec la chorée vulgaire, doit être rangée, dans certains cas, parmi les manifestations de la grande hystérie. Elle devient une preuve de plus en faveur de notre manière de voir, et nous montre qu'il n'y a rien d'irrationnel à rapporter à la grande hystérie les mouvements rythmés de la dansomanie (1) ».

Après ce retour en arrière sur les cérémonies orgiaques de l'antiquité grecque, revenons aux pratiques des noirs.

Leurs danses bruyantes ont d'indiscutables analogies avec celles des orgies bachiques.

Les descriptions des voyageurs font penser immédiatement aux récits des auteurs anciens et aux représentations figurées sur les vases antiques.

Voici ce que dit le docteur Griffon du Bellay d'une féticheuse du village d'Arenga-Ouiri sur les bords de l'Ogooué.

« Une foule compacte réunie autour d'une case d'où sortait un abominable tapage de tamtam et de voix criardes s'émut à peine à notre aspect. Il fallait qu'il se passât là quelque chose de bien important. Nous entrâmes dans la maison non sans difficulté, et ce fut pour être témoins d'une scène à la fois hideuse et grotesque. Au milieu d'une vaste salle, une femme encore jeune, le corps presque nu, bariolé de dessins de toutes sortes, le visage peint au contraire avec une certaine régularité de quatre couleurs, comme un écusson écartelé, dansait au son du tambour avec une véritable frénésie. De temps à autre un jeune nègre se détachait du cercle, se campait devant elle, surveillait avec une sorte d'anxiété *ses*

---

(1) Paul Richer. *Etude clinique sur la grande hystérie.*

contorsions lascives, et s'efforçait de les imiter en suivant la cadence du tamtam. Fatigué bientôt de ce rude exercice, il cédait la place à un autre, et l'infatigable mégère, surexcitée par *une musique assourdissante*, lassait encore ce nouveau partner. Pour tous les spectateurs c'était une *femme inspirée* ; « *elle voyait l'esprit* ». J'ai vu à Constantinople les derviches tourneurs et hurleurs, à Alger la secte infernale des Aïssaouas ; je verrai peut-être un jour des *convulsionaires*, car l'espèce n'en est pas perdue chez nous ; la féticheuse d'Avenga-Wiri m'a paru être de la même famille (1) ».

A Porto-Novo, les prêtresses ou féticheuses invoquent le fétiche, chantent des cantiques et exécutent les danses les plus échevelées en son honneur.

Le docteur A. Hagen (2) donne la description des fêtes données à la cour de roi Toffa :

« Ces fêtes se sont terminées par trois jours d'un grand festival musical et dansant présidé par S. M. Toffa et exécuté sur une des places publiques de Porto-Novo. Des groupes, au nombre d'une dizaine environ, étaient accroupis à terre, et faisaient de la musique avec les instruments que j'ai cités plus haut (3). Devant chacun des groupes dansaient six jeunes filles ou féticheuses tenant en main une longue tige de fer sur laquelle elles faisaient glisser un anneau métallique. Le frottement de cet anneau contre la tige produisait un certain son. En même temps elles exécutaient les *danses les plus échevelées ; les coudes fixés au tronc et la tête renversée en ar-*

---

(1) Dr Griffon du Bellay. — Au Gabon, 1861-1864 (*Tour du Monde*, année 1865, IIe semestre).

(2) Dr Hagen. — La colonie de Porto Novo et le roi Toffa. (*Revue d'Ethnographie*, tôme VI, mars avril 1887).

(3) Guitares, xylophones, tambours.

rière, elles s'avançaient et reculaient alternativement en faisant proéminer le torse le plus possible ».

N'est-ce pas encore un tableau en tous points comparable à celui que nous ont laissé les auteurs anciens ou que nous montrent les monument figurés de fêtes célébrées en l'honneur de Dionysos ?

Voici encore une véritable danse de Ménades :

«... C'était deux jeunes filles aux formes élégantes, qui, la tête haute, le torse rejeté en arrière, le jarret tendu, tout en faisant tournoyer des écharpes qu'elles tenaient de chaque main, dansaient un pas savant où les pieds, suivant le rythme précipité des tambours, touchaient alternativement le sol de la pointe et du talon (1) ».

Au Dahomé, ont lieu à certaines époques des cérémonies religieuses où l'on retrouve l'allure bruyante et licencieuse des anciennes pompes dionysiaques. Les voyageurs ont été frappés du caractère convulsif de ces transports, et, dans leurs descriptions, ils établissent eux-mêmes la comparaison avec les agitations des démoniaques.

« Le grand féticheur est à la tête d'une véritable armée de jongleurs, dispersés dans les villes et dans les villages. Leur nombre, dans chaque endroit, est très considérable. Les femmes font partie de cette association religieuse ; leur zèle, encore plus exalté que celui des hommes, atteint le plus haut degré de fanatisme : il y a dans leurs gestes, souvent obscènes, toujours extravagants, quelque chose de vraiment *diabolique*. Douces et tranquilles dans le commerce ordinaire de la vie, les négresses s'agitent en *énergumènes* dès qu'elles accomplissent les rites de leurs divinités (2) ».

---

(1) E. Noirot. — *A Travers le Fouta-Djallou*, Paris, in-8.

(2) Abbé Laffitte. — *Le Dahomé*, Tours, 1876.

III

LES SECTES TAPAGEUSES

LES SECTES TAPAGEUSES

D'autres exemples puisés dans l'antiquité méritent encore d'être rapprochés de certaines pratiques religieuses encore en vigueur de nos jours.

Les Curètes et les Corybantes, prêtres de Cybèle et de Rhéa, dansaient aux fêtes de la déesse au son des tambours, des trompes et des boucliers frappés (1). Suivant une légende rapportée par Nonnos, ils auraient été les premiers éducateurs de Dionysos, dont les adorateurs ont conservé et amplifié plus tard le caractère chorégraphique de ces rites primitifs.

La vie des Curètes s'écoulait en rondes tumultueuses. Ils promenaient de ville en ville l'image de la divinité, chantant et dansant sans trêve. Leur esprit s'égarait au cours de leurs folles gesticulations, et il leur arrivait parfois de commettre des actes d'une odieuse sauvagerie.

Parmi eux, se trouvaient aussi les Galles qui, dans leur délire, en arrivaient à se mutiler.

L'analogie de ces débordements avec ceux des possédés du diable, avait déjà été entrevue au XVIe siècle. On désignait sous le nom de *corybantisme* ou *coryban-*

---

(1) V. Lucrèce, Liv. II.

tiasme, les troubles hallucinatoires dans lesquels certains démoniaques, s'imaginaient voir des apparitions surnaturelles ou entendre des voix diaboliques.

Les prêtres *Saliens* (de *salire*, sauter) sont dans l'antiquité romaine, les analogues des Curètes et des Corybantes. « Ils doivent leur nom, dit Plutarque, à ces sauts qu'ils font lorsqu'au mois de mars, ils portent en procession les boucliers sacrés dans les rues de Rome, vêtus de tuniques de pourpre, ayant un casque et de larges boucliers d'airain, qu'ils frappent de leurs courtes épées ».

La procession se terminait par des festins qui étaient devenus proverbiaux (*Saliares epulæ*, *dapes*). Là, se trouvaient aussi des *vierges saliennes* qui prenaient part aux danses.

Des chants spéciaux étaient réservés pour ces cérémonies. C'était un langage tellement bizarre que personne au temps d'Horace ne pouvait arriver à le comprendre, les prêtres les premiers.

Or si, comme certains mythographes le prétendent, le culte de Bacchus a été importé de l'Orient, il n'est pas sans intérêt de rapprocher ces cérémonies tapageuses et barbares de celles qu'on voit encore aujourd'hui se produire dans certaines sectes religieuses des pays musulmans.

Si l'on compare, par exemple, ces rituels antiques à ceux de la secte des Aïssaoua, on relève entre eux de singulières analogies : même musique discordante, mêmes danses déréglées, même délire naissant dans un énervant tourbillon.

Ainsi les décrit un témoin oculaire (1) et nous avons pu nous même contrôler plusieurs fois la véracité de son récit.

---

(1) De Neveu. *Les Khouan*. Ordres religieux chez les musulmans de l'Algérie. Paris, Imprimerie Guyot, 1845.

« C'étaient d'abord des prières lentes et graves qui durèrent assez longtemps ; vinrent ensuite les louanges de Sidi Mhammet-ben-Aïssa, le fondateur de l'ordre ; puis les frères et le mokaddem, prenant des timbales et des tambours de basque, animèrent successivement la cadence, en paraissant s'exalter eux-mêmes, d'une manière toujours croissante.

Après deux heures environ, les chants étaient devenus des cris sauvages, et les gestes des frères avaient suivi la même progression...

Bientôt le bruit augmente, les gestes les plus extravagants commencent, les turbans tombent, laissant paraître à nu ces têtes rasées qui ressemblent à celles des vautours ; les longs plis des ceintures rouges se déroulent, embarassent les gestes, et augmentent le désordre.

Marchant sur les mains et sur les genoux, l'homme imite alors les mouvements de la bête. Il essaie de faire croire qu'il n'agit plus que par l'effet d'une force musculaire que ne dirige plus la raison. Il paraît vouloir oublier qu'il est homme... »

Puis ce sont des acrobaties surprenantes, des tourbillonnements vertigineux, des jongleries où l'adresse ne joue souvent qu'un rôle accessoire. Les blessures, les mutilations, les piqûres et les brûlures profondes, parfois simulées, mais fréquemment véritables, n'ont plus rien qui doive nous étonner, si nous reconnaissons que la plupart de ces religieux tapageurs sont dans un état identique à celui de nos malades hystériques.

A l'occasion de la fête d'Aïssa, nous retrouvons aussi le cérémonial des pompes dyonisiaques.

« A Tunis, à l'approche de l'anniversaire de la naissance du prophète, les Aïssaoua avaient coutume de promener des hommes nus, enchaînés, et ayant de longs cheveux flottants. On les entourait de drapeaux et de guirlandes, et on leur faisait parcourir la ville en poussant de grands cris. »

Nous avons vu qu'au cours des fêtes de Dionysos, il se produisait de véritables scènes de boucherie, une curée où hommes et femmes s'arrachaient des lambeaux de chair fraîche qu'ils dévoraient furieusement.

C'est un spectacle identique qu'on voit annuellement dans la mosquée de Sidi Aïssa, à l'approche de la fête dite Maouled.

Les fidèles amènent des chameaux, des bœufs, des moutons, des chèvres, des poulets et des pigeons qu'ils immolent et dépècent ensuite. Chaque espèce de viande est placée, avec le sang, la peau et les os des animaux dans une fosse qui lui est destinée. Après ce sacrifice, les Aïssaoua commencent leurs danses frénétiques ; ils s'exaltent peu à peu, et, lorsque, exténués de fatigue, ils sont pressés par la faim, ils se précipitent sur ces morceaux sanglants et les dévorent (1).

De même que l'art dramatique semble avoir pris naissance en Grèce, au cours des fêtes de Dionysos, de même on trouve dans les cérémonies de certaines sectes musulmanes, les éléments d'un théâtre rudimentaire.

La secte des Aïssaoua donne sur les différents marchés de l'Algérie la représentation d'une action mémorable accomplie par Lella Khamsia, une femme qui sauva d'un grand péril la renommée des disciples de Sidi Aïssa.

A la mort de ce dernier, le sultan Mouleï Ismaël, qui n'avait cessé de lutter contre l'influence croissante de la secte, résolut de la détruire avec éclat (2). Il fit composer un repas d'animaux venimeux et de viandes assai-

(1) De Neveu. *Les Khouan.*

(2) L'ordre de Sidi Mhammed-Ben-Aïssa fut fondé à Mekaès, en Maroc, il y a environ trois cents ans, à l'époque où Mouleï Ismaël était sultan de cette ville.

sonnées de poisons et ordonna à tous les disciples de venir y prendre part. Ceux-ci, qui, du vivant de leur maître, acceptaient aveuglément de sa main la nourriture la plus répugnante, n'osèrent plus, Sidi Aïssa étant mort, se risquer à tenter l'expérience. Ils s'enfuirent piteusement, et c'en était fait désormais de leur prestige, sans l'intervention d'une femme nommée Khamsia qui avait été servante de Sidi Aïssa. Elle se rendit sur le lieu du festin, et, saisissant les reptiles à deux mains, se mit à les dévorer. Les Aïssaoua, encouragés par ce spectacle, s'unirent à elle et firent disparaître en entier le repas du sultan, pour la plus grande confusion de ce dernier.

C'est pour célébrer cet événement que les Aïssaoua donnent aujourd'hui encore des représentations allégoriques :

« Un tambour de basque et une flûte en roseau forment un orchestre, qui joue sur une mesure très accélérée.

» Une sorte d'*inspirée*, visage découvert, tête nue, cheveux épars, représente Lella Khamsia. Elle prend dans ses mains des couleuvres et des serpents, les agite devant le public, les place dans sa bouche et autour de son cou, en faisant mille contorsions ; aussitôt qu'une foule assez considérable s'est formée, les exercices s'arrêtent, et un ou plusieurs Aïssaoua se mettent à chanter, à haranguer, racontant ce qu'ils savent des nouvelles les plus récentes des pays d'où ils viennent. Puis, par intervalle, les jongleries recommencent, et les chants reviennent à leur tour. » (1)

N'est-ce pas là un récit qui semble calqué sur une description des Dyonisies primitives. Cette Lella Khamsia n'a-t-elle pas véritablement l'allure des ménades figurées sur les vases antiques ?

---

(1) Le Neveu. *Les Khouans.*

Il semble donc que les rites désordonnés se soient continués dans les siècles en conservant leurs caractères. La déséquilibration nerveuse en fait tous les frais.

D'ailleurs, entre les âges anciens et les temps modernes on trouve toute une série de faits intermédiaires.

Saint Augustin, en son temps, s'élève contre les danses extravagantes des gens du peuple à certaines époques de l'année.

Plus tard, à l'occasion de la Noël, de la fête des Rois et surtout de la Saint-Jean, on vit se reproduire les scènes des Dionysiaques et des Bacchanales.

On allumait à ces dates annuelles, de grands feux sur les places publiques, et tous les habitants dansaient autour, une ronde échevelée en poussant des cris sauvages. Là aussi, il arrivait souvent que quelques-uns de ces énergumènes se roulaient par terre en faisant des gestes désordonnés, ou que, soudain, ils se mettaient à prédire l'avenir.

On le voit, à plusieurs siècles de distance, le tableau n'a pas changé. Et les exemples abondent dans les anciennes chroniques. Il suffira de rappeler les épidémies de *danse de Saint-Guy* du XIVe siècle, dont la nature hystérique n'est pas douteuse.

On voyait, en Allemagne et en Hollande, des hommes et des femmes sortir nus ou presque nus de leurs maisons, se couronner de fleurs, et parcourir les rues en dansant et en chantant. Plusieurs tombaient sur le sol, hors d'haleine, et restaient ainsi longtemps inanimés. Leur ventre paraissait gonflé, et ils portaient une ceinture avec laquelle on les comprimait quand ils se livraient par terre à des convulsions trop violentes. A peine revenus à eux, ils recommençaient à danser et à hurler jusqu'à extinction de forces (1).

(1) V. Brovius. *Annales*, 1374. N° 13, p. 1501. Raynaldus, 1374. N° 13, p. 327.

Quelques-uns poussaient des exclamations, des phrases entières que l'on croyait dictées par le démon.

Sauvages (1) rapporte d'après Mézeray des détails analogues sur une épidémie qui sévit en Hollande en 1373, et qu'on nomma *mal de Saint-Jean*. « On croit, dit-il, que ce mal se communiquait à ceux qui regardaient les malades trop attentivement. » Il n'est pas sans intérêt de rapprocher ce détail du procédé usité aujourd'hui sous le nom de *fixation du regard* pour provoquer le somnambulisme.

A côté de ces faits, il faut encore citer ceux qui se produisirent au XVe siècle dans la Pouille, et qui sont décrits sous le nom de *Tarentisme*.

Matthiole nous apprend que ceux qui ont été mordus de la tarentule chantent et crient, pleurent et se mettent à rire sans motif, qu'ils sont tous furieux et exaltés, tantôt assoupis et comme morts. Il faut, pour les satisfaire, avoir des musiciens à gages qui jouent sans interruption jusqu'à leur guérison complète.

Il confesse d'ailleurs que tous ceux que frappe ce mal étrange n'ont pas été mordus par la tarentule (2).

Ce sont encore des accidents de même nature qu'on retrouve dans les pratiques de certaines sectes religieuses.

Au XVIIe siècle, les *Cicètes* sautaient et dansaient en priant Dieu.

Dans le pays de Galles, vers 1760, une secte de méthodistes, les *Jumpers* (sauteurs), avaient pour usage de sauter et hurler pendant leurs prières. Ils répétaient jusqu'à cinquante fois les mêmes mots ou les mêmes prières, et s'excitaient en gesticulant jusqu'à tomber par terre.

« L'enthousiasme se communique à la foule, hom-

---

(1) Sauvages, *Nosologie*, t. 2, p. 735.

(2) P. An Matthiole, *Commentarii in 6 libros*, P. Dioscordiis, etc., p. 223.

mes et femmes échevelés, les habits en désordre, qui crient, chantent, battent des pieds, des mains, sautent comme des maniaques, ce qui ressemble plus à une orgie qu'à un service religieux. En sortant de là, ils continuent leurs grimaces à trois ou quatre milles de distance ; mais il en est, surtout parmi les femmes, qu'on est obligé d'emporter dans un état d'insensibilité » (1).

Telles sont aujourd'hui encore les danses de l'Ounyanyembé :

« Quand les vivres ont été abondants et que la lune brille, le tambour fait rage, les mains battent avec force, et le chant monotone que la foule dit en chœur, appelle à la danse toute la jeunesse des environs. L'exercice est laborieux ; mais ces Africains ne sont jamais las quand il s'agit de plaisir. C'est d'abord une simple ronde où chacun se balance avec lenteur ; peu à peu le cercle s'anime, les bras s'agitent, les corps se baissent, touchent le sol et rebondissent ; le groupe se condense, le mouvement s'accélère, et une sorte de galop infernal emporte ce tourbillon satyriaque aux gestes délirants. Lorsque la frénésie est à son comble, le chant s'arrête et les danseurs, éclatant de rire, se jettent par terre pour reprendre haleine et se reposer » (2).

Les Grecs avaient également des danses funèbres, qui prirent souvent une allure désordonnée.

Des cérémonies aussi tapageuses se produisent également au Soudan à l'occasion de certaines funérailles. M. Marcel Monnier raconte dans un style plein de verve et de couleur, l'étrange rituel des indigènes à

(1) Abbé Grégoire, *Hist. des Sectes religieuses*, éd. 1814, t. 1, p. 85.

(2) Burton, *Voyage aux grands lacs de l'Afrique orientale*, (1857-59). — *Tour du Monde 1860*, 2e semestre (trad. H. Loreau).

l'occasion du décès subit d'une femme soupçonnée d'avoir « gagné mort » par le fait des mauvais esprits.

« Le groupe des anciens, le féticheur et ses acolytes portant la civière se dirigent, escortés de la foule, vers la demeure des fétiches, le temple de Sakarabrou, enceinte palissadée enveloppant un arbre à demi mort dont le vieux tronc est fouillé de cavités béantes. Là sont déposés des fruits, des plats de *fouto*, offrandes aux mauvais génies ; inutile de se mettre en frais pour les bons : on ne flatte que ceux qu'on redoute. A une basse branche, pendent les guenilles que revêt le démon lorsqu'il apparaît dans le cercle des danseurs, à la lueur des torches, les soirs de grande fête : la tunique de feuilles, la tête de dragon à la gueule menaçante. Et sous cette défroque, le vulgaire croit à la présence réelle. Invisible, impalpable, Sakarabrou est là ; il plane dans le rayon de soleil, dans la poussière que le vent soulève. C'est lui que le féticheur invoque en touchant de sa baguette les hardes de la morte....

Les deux hommes ont placé la civière sur leur tête : frémissants, ils attendent, ils hésitent. Indifférents tout à l'heure, un *frisson les secoue, leurs faces se convulsent ;* ils fléchissent sous le léger fardeau. Ils ne s'appartiennent plus ; un singulier phénomène de suggestion en fait les dociles instruments du sorcier qui, d'un geste irrésistible, les ploie, les lance en avant.

Ils détalent, ils bondissent, parcourant le village en tous sens, heurtant les cases de-ci de-là. Parfois, ils s'appuient à une porte, aux écoutes, et repartent d'un train fou.

Il est plus de midi quand, pour la vingtième fois, les deux énergumènes reviennent près de l'enclos sacré, où ils s'arrêtent enfin haletants, *une écume aux lèvres.* Ils s'adossent, têtus, à la palissade, d'où l'on ne peut les arracher. Le crime n'a pas été commis par un humain. C'est de là que, la nuit derrière, les fétiches ont frappé

Namarou. Elle est jugée maintenant ; son corps ne reposera pas dans la terre.

Alors éclate une clameur féroce, un concert d'imprécations ; la meute se rue à la curée. On amène au milieu de la place les tam-tams géants creusés dans un tronc d'arbre, et l'orchestre prélude à petits coups. Puis la cadence s'accélère, le bruit s'enfle en grondement d'orage.

Namarou a été roulée dans une natte ; on l'apporte, on la traîne pour mieux dire ; dans la bousculade, la sinistre bourriche crève, la tête pend, raclant le sol de son haut chignon en cimier. Et, le corps jeté à terre, autour une ronde s'organise. D'abord serrés l'un contre l'autre marquant le pas, l'échine courbée, les bras ballants, les danseurs se redressent et partent d'un vertigineux galop. Dans un poudroiement de sable rouge, le village entier, un millier de personnes, tourbilonne, les enfants et les femmes, les jeunes mères elles-mêmes avec leur marmot pendu en sautoir comme une giberne. Le féticheur et ses gens, à coups de martinet, activent le branle ; sur les épidermes en sueur, les lanières claquent avec un bruit de linge mouillé....

Au plus fort du tumulte, des hommes se précipitent, s'emparent du cadavre et l'emportent en courant vers les bois. »....

Nachtigal (1) relate des phénomènes nerveux analogues à l'occasion des cérémonies funèbres qui accompagnent la mort des chefs :

« Lorsqu'un homme et surtout un chef vient à mourir sans que ce soit de vieillesse, on attribue sa mort à l'influence maléficiante d'un ennemi. Voici comment procèdent les Somraï et les Sara pour retrouver cet ennemi. Chez les Somraï, deux prêtres saisissent le mort, l'un

(1) Nachtigal, *Sahara und Sudan*, Berlin 1886, vol. 2, p. 686.

par les pieds, l'autre par la tête ; ils marchent en hésitant d'abord, puis peu à peu *l'esprit du mort les envahit*, et sous son influence ils courent pour ne s'arrêter qu'à la maison du coupable supposé. Chez les Sara, le prêtre se coiffe d'une gerbe de certaines plantes ; le même phénomène se produit, après quelques hésitation, le prêtre, comme sans volonté propre et *conduit par une volonté supérieure*, va trouver le coupable. »

Nachtigal rapproche les phénomènes qui accompagnent ces cérémonies, de phénomènes analogues constatés chez certains *épileptiques*. C'est *hystériques* qu'il faudrait dire.

Ainsi, à des milliers d'années et à des milliers de lieues, les mêmes pratiques reparaissent, sans qu'aucun lien traditionnel puisse en expliquer l'uniformité. La raison de ces singulières analogies ne peut être qu'une loi de nature à laquelle l'espèce humaine est soumise universellement : cette *loi de l'identité d'une manifestation pathologique* chez tous les individus à laquelle nous faisions allusion en commençant.

Sous l'influence d'une excitation vive, par le bruit d'une musique étourdissante ou par le tourbillonnement d'une danse effrenée, l'homme perd parfois la possession de lui-même.

Chez le sujet normal, cet égarement est fugitif ou incomplet ; la conscience demeure entière ou n'est que temporairement amoindrie. Mais chez le névropathe, chez l'hystérique surtout, la perte de la conscience peut être totale et s'accompagne alors de tout l'appareil désordonné qui est l'apanage de la névrose.

Cris déchirants, gesticulations extravagantes, tremblements frénétiques, extases où sont proférées des paroles mystérieuses, convulsions et tremblements quand les corps s'abattent sur le sol sans connaissance, inertes ou raidis : ce sont là, à n'en pas douter, des phénomènes identiques à ceux qu'on observe de nos jours chez les hystériques avérés.

IV

LES RITES MYSTÉRIEUX

4

LES RITES MYSTÉRIEUX

Les solennités religieuses de l'antiquité hellénique, n'étaient pas toutes publiques et populaires. Certains rites présentaient un caractère plus particulièrement auguste, et ceux-là seuls pouvaient y participer qui s'étaient soumis à une longue préparation antérieure, ou, comme on disait, à une initiation. Telles étaient les cérémonies secrètes connues sous le nom de *Mystères* dont les profanes étaient sévèrement exclus, et sur lesquelles les initiés s'engageaient par serment à ne faire aucune révélation.

Les fêtes nocturnes de Dionysos étaient soumises à ces mêmes lois ; ce sont elles qu'on désignait surtout sous le nom d'*Orgies*. Le mot fut appliqué par la suite à toutes les cérémonies bruyantes et désordonnées, où l'on rapportait le délire et les extases à une influence surnaturelle. Et comme aux rites primitifs purement symboliques et religieux, vinrent bientôt s'ajouter des scènes licencieuses et des représentations obscènes, « orgie » devint synonyme de débauche, sens que ce terme a conservé encore aujourd'hui.

Il n'est pas douteux qu'au cours des Orgies et des

Mystères de l'antiquité, se produisirent des excès d'une révoltante immoralité.

On a voulu trouver une explication, et comme une excuse, à ces rites scandaleux dans le sens symbolique que la religion attribuait aux actes de la génération (1).

Cette hypothèse semble trouver sa confirmation dans de nombreux exemples ; il suffit pour s'en convaincre, de constater le grand nombre de représentations figurées où, dans des scènes de pompe religieuse, se rencontrent des personnages de l'un et l'autre sexe dans des poses voluptueuses et indécentes, s'ébattant en toute liberté sous l'œil placide et bienveillant du dieu.

Il est certain également que parmi ces initiés, beaucoup, perdant de vue leur rôle symbolique, profitaient des circonstances pour donner libre cours à leurs excès. On peut même, aux temps de la décadence, élever de légitimes soupçons sur la moralité des prêtres et des prêtresses qui présidaient à ce rituel dévergondé.

Ces réserves faites, surtout en ce qui concerne les mystères de la basse époque, où hommes et femmes se trouvaient mélangés, on peut certainement trouver une explication de l'apparence licencieuse de ces rites, dans le caractère même de plusieurs phénomènes nerveux qui relèvent encore de l'hystérie.

Le temps n'est pas loin où ce mot d'hystérie était synonyme de dévergondage. L'allure de certains gestes et de certaines attitudes avait contribué à faire naître cette confusion. On sait aujourd'hui qu'ils sont simplement la traduction d'une hallucination et d'un délire ; mais les apparences restent toujours déconcertantes, et l'on comprend très bien qu'ils aient donné lieu à de semblables interprétations.

Quand une hystérique en attaque est sous le coup d'une hallucination terrifiante, quand elle s'imagine as-

---

(1) Voy. Plutarq, *De Def, orac.*, § 14.

sister à une scène d'incendie ou de meurtre, elle exprime, par sa mimique et par ses paroles, toute l'horreur que lui inspire cette vision. Elle se bouche les yeux, elle repousse l'assassin qui la menace, elle se défend, se débat, et, au milieu de phrases entrecoupées, haletante, elle prend toutes les attitudes qui correspondent à la situation dramatique à laquelle elle croit participer.

Pareillement, si dans son esprit s'éveille une image agréable, si l'hallucination lui représente un tableau d'amour, si l'objet aimé semble s'approcher d'elle, tout son être traduit le ravissement ; elle envoie des baisers, dit de tendres paroles ; elle serre dans ses bras l'amant imaginaire ; son visage, son corps entier tressaillent comme sous une étreinte voluptueuse. Elle s'abandonne... et à cette scène lascive fait suite un mol anéantissement.

De tels spectacles, empreints d'un tel caractère de vérité et de réalisme, ne pouvaient manquer de frapper vivement les assistants, et leur étrangeté mystérieuse devait être fatalement rapportée à une intervention extra humaine.

C'est le Dieu qui provoquait cette voluptueuse extase, le Dieu qui consentait pour un temps à *posséder* son adoratrice et à l'honorer de ses faveurs. Le nombre des victimes qui tombèrent entre les bras de Jupiter ou d'Apollon est incalculable. Mais les bonnes fortunes des dieux de l'Olympe ne sont ni plus nombreuses ni moins imaginaires que celles des Lucifer, des Astaroth et des Belzebuth chrétiens.

Il est fort possible que ces légendes amoureuses aient pris leur origine dans des scènes délirantes du genre de celles qu'on observe chez les hystériques d'aujourd'hui.

Les mythographes ont symbolisé la description de l'attaque délirante. Les poètes l'ont agrémentée selon leur goût ; mais sous le mythe enguirlandé de métaphores dont le temps emporte un à un les morceaux, transparaît la loi de nature, immuable et souveraine, que rien ne saurait altérer.

Les mêmes excès, les mêmes croyances et aussi la même interprétation se retrouvent encore chez les peuples nègres de l'Afrique.

« Il y a, dit l'abbé Pierre Bouche, dans le récit de ses voyages au Dahomé (1), des jours consacrés à Dan (le Serpent). On célèbre aussi en son honneur des septennaires ou des triduum. Durant trois jours, quelquefois durant une semaine entière, on boit et l'on danse, et l'on apporte au dieu des oblations. Les femmes du Serpent (prêtresses) s'occupent du décor et veillent à approvisionner d'eau et les fétiches et les danseurs. Elles font les immolations. La danse se prolonge quelquefois jusqu'au lendemain. Je renonce à dire ce que sont ces danses nocturnes, pêle-mêle d'hommes et de femmes, qui se livrent sans retenue aux emportements du dévergondage, non seulement sans rougir, mais encore en s'excusant et en se faisant un mérite de leurs excès : « Elles sont *possédées par le dieu*, disent-elles, c'est le dieu qui les agite et les mène ; c'est le dieu qui les féconde et qui leur fait connaître les douceurs de la maternité. »

On ne peut pas ne pas rapprocher ces scènes de celles qu'on prétendait avoir lieu dans les Sabbats des Sorciers au Moyen Age.

Les récits de Bodin, de de Lancre, etc., nous représentent ces nocturnes assemblées des Magiciens et des Magiciennes, comme le théâtre des plus monstrueux débordements. Sans parler des débauches effrénées à la description desquelles se complaisent certains écrivains

(1) Abbé Pierre Bouche. *Les côtes des esclaves et le Dahomé.* Paris 1885, p. 396.

du temps, on nous affirme que sorciers et sorcières réunis en de lugubres ripailles se gorgeaient de chair humaine : des enfants nouveau-nés nuitamment déterrés dans les cimetières composaient le dessert habituel de ces macabres festins.

Nous savons aujourd'hui ce qu'il faut penser de ces récits fantaisistes. Sorcières et Magiciens, broyés par la main de fer de l'Inquisition, inventaient, sous l'atrocité de la torture, les plus invraisemblables histoires. Les simples y ajoutaient foi naïvement, terrorisés par la peur du Diable, — le Tout-Puissant d'alors, — que d'autres, moins crédules et surtout plus adroits, savaient utiliser pour leur cause, comme un épouvantail menaçant, derrière lequel s'allumait la lueur sinistre des bûchers.

Les chroniques du Moyen-Age, et jusqu'au XVIIe siècle sont peuplées d'histoires de sorcières qui, se disant *possédées par le diable*, s'imaginaient avoir commerce avec lui. La liste des *incubes* et des *succubes* est longue, long aussi le défilé des condamnés qui montèrent de ce chef sur les bûchers de l'Inquisition.

Nous savons aujourd'hui que la plupart de ces malheureux et de ces malheureuses auxquels le chevalet ou les brodequins arrachaient ces funestes révélations n'étaient que d'innocentes victimes d'une maladie nerveuse ou d'une vésanie. Leurs récits lamentables et terrifiants n'étaient pas seulement des créations fictives d'une imagination déréglée. Souvent en proie à des hallucinations véritables, les prétendues sorcières traduisaient simplement dans leurs discours les sensations imaginaires qu'elles croyaient avoir éprouvées réellement.

Visions du sang, de carnage et de mort, coordonnées plus tard en scènes d'infernales orgies, mais qui prenaient leur origine dans ces rêves colorés d'hystériques où le rouge apparaît si fréquemment ; envolements nocturnes, chevauchées fantastiques, tournoiements vertigineux, voluptés diaboliques, accouplements monstrueux : autant d'*hallucinations* affectant la *sensibilité générale*, le *sens musculaire*, le *sens génital*, autant de perceptions sans objet, interprétées comme des réalités senties et systématisées dans un même délire.

On ne saurait méconnaître l'analogie qu'il y a entre les incubes ou succubes du moyen âge et les êtres mystérieux connus sous le nom de *Djinn*.

Abou Mansour Et Thalabi, auteur arabe ancien, en parle en ces termes : (1)

« Les *djinn* (2) femelles donnent l'*épilepsie* à ceux d'entre les hommes dont elles deviennent amoureuses ; et quand ces amants humains sont renversés, étourdis par *l'attaque épileptique*, c'est qu'elles vont se mettre en union charnelle et matrimoniale avec eux. De même les *djinn* mâles frappent *d'épilepsie* les filles des hommes, pour en jouir comme amantes au moment de l'étourdissement épileptique. » Au lieu *d'épilepsie*, il faut lire *hystérie*, et l'on trouve aisément l'interprétation de ces accouplements imaginaires.

Les sorciers d'ailleurs ne sont pas l'apanage du monde européen seulement. On sait le rôle tout puissant que jouent les féticheurs chez les populations sauvages de l'ancien et du nouveau continent.

Au Soudan, la foi en la sorcellerie est grande. Les vieillards sont souvent accusés d'avoir des relations avec les esprits. Les vieilles femmes sont fréquemment assimilées aux hyènes. La plupart des gens du pays tiennent pour certain que les sorcières ont la faculté d'aller, pendant la nuit, se loger dans le corps de ces animaux où il est impossible de les reconnaître.

---

(1) Dans un passage de son livre, *Fikr el lorha* (connaissance de la langue arabe), traduit et cité par le docteur Perron dans l'ouvrage d'Et Tounsi.

(2) *Djinn* signifie « esprit, génie bon ou mauvais », mais est pris le plus souvent dans le sens de « démon, mauvais génie. »

Cette croyance se rattache évidemment à des cas de *zoanthropie* absolument analogues à ceux qui donnèrent naissance aux *loups-garous* du Moyen Age, l'hyène étant l'animal nocturne qui, dans les pays chauds, a remplacé le loup de nos contrées.

On retrouve encore des accidents de nature hystérique dans les cérémonies d'*initiation* des féticheurs chez les peuplades nègres du Dahomey. A la suite de longs jeûnes et de mystérieuses préparations, les néophytes, souvent choisis parmi les prédisposés, tombent dans un état nerveux qui n'est autre qu'une attaque d'hystérie.

« L'aspirant aux ordres (sacerdotaux) est habituellement tenu complètement à l'écart, et *sa sensibilité travaillée par des bruits mystérieux* que l'on fait durer pendant un certain temps, généralement un mois. Si, à la fin de cette période, le fétiche ne s'est pas révélé, l'aspirant est renvoyé comme indigne de la coiffure sacerdotale...,

« L'inspiration revêt généralement la forme de l'*extase*, le *sujet cause d'une façon égarée, et on est souvent obligé de le maintenir de vive force pour l'empêcher de se faire du mal à lui-même par ses mouvements violents.* Cette crise dure habituellement une demi-heure environ et a un si puissant effet sur le patient qu'*il tombe ordinairement en faiblesse aussitôt que l'attaque est finie.*

» Lorsqu'il a recouvré ses forces, il dit à son « instructeur » qu'il a eu quelque *vision*, que le prêtre interprète comme celle d'un génie quelconque, tel que Héviyosa (génie du tonnerre), Zo (génie du feu) ou autres. Et le néophyte se trouve ainsi appelé au service sacerdotal du génie dont il a eu une vision (1). »

On reconnaît là tous les caractères de l'attaque hys-

(1) J. A. Skertchly, *Dahomey as it is*, London 1874.

térique : mouvements convulsifs, délire, hallucinations de la vue, sommeil après la crise.

Et l'on comprend que les féticheurs attachent de l'importance à ces symptômes, car leur méthode divinatoire n'est autre que la chresmologie enthousiaste et, à quelques détails près, elle rappelle singulièrement celle que les prophètes nécromanciens employaient pour demander des conseils aux âmes des morts au sujet de la guérison des consultants. Ce fut, en son temps, paraît-il, un métier fort lucratif et qui procurait une haute considération.

« J'eus une fois, dit encore J. A. Skertchly (1), l'occasion de voir un prêtre se disposant à faire une visite au séjour des âmes... Ayant tracé un cercle par terre, il s'accroupit au centre de ce cercle magique et, nous ayant invité à ne pas nous avancer à l'intérieur, il se couvrit d'un grand carré de toile grise, orné à profusion de pompons magiques. Au bout de quelques minutes, il commença à murmurer quelques sons inintelligibles à voix basse : *son corps et ses membres frissonnaient comme un tremble*. Cette « farce » durait depuis une demi-heure quand le féticheur se découvrit, prêt à communiquer le message. Il dit qu'il avait rencontré une difficulté considérable à obtenir une entrevue avec l'esprit... lorsque celui-ci avait su qu'un prêtre arrivait, il s'était caché dans un buisson..., etc. »

Ici, comme dans toutes les cérémonies de ce genre, il faut faire la part grande à la supercherie. Parmi les prophètes, tant anciens que modernes, les fourbes ont beau jeu pour exploiter la crédulité populaire.

Néanmoins, le nombre des convaincus est encore fort respectable, et chez eux les accidents névropathiques ne sont pas toujours simulés.

« Un grand nombre de tribus de l'Amérique, dit

(1) Skertchly, *Dahomey as it is*, l. c.

M. A. Maury (1), pratiquaient des cérémonies et des initiations secrètes, dont le but était de donner à ceux qui y participaient un caractère sacré, et de leur communiquer une puissance d'inspiration, une vertu divine qui les mettaient en relation directe avec les esprits ou les dieux. Encore de nos jours, chez les indigènes de l'Amazone, un voyageur anglais a constaté l'existence de véritables initiations en l'honneur de la divinité appelée *Jurupari*. Les femmes en sont sévèrement exclues. Dans l'Amérique du Nord, certaines tribus ont des cérémonies analogues qui se réduisent parfois à de simples danses. Chez les nègres, il y a des fêtes orgiastiques dans lesquelles les femmes jouent le principal rôle, et qui rappellent d'une manière frappante les Bacchanales. Les mystères bien connus du *Vaudoux* que les nègres du Dahomey ont transportés dans le nouveau monde, et dont le point de départ est une danse orgiastique, constituent une véritable initiation, un ensemble de rites secrets rattachant par un lien mystérieux tous ceux qui y prennent part. » Ces mêmes cérémonies se retrouvent dans l'Afrique occidentale, et dans les îles de l'Océanie (2).

Ces rituels émouvants rappellent de très près ceux qui étaient en usage en Grèce pour la consultation de certains oracles.

Car les prêtres, à vrai dire, se sont ingéniés de tous temps à accumuler les cérémonies impressionnantes afin d'agir avec plus de puissance sur l'esprit des consultants.

L'oracle de Trophonius était un des modèles du genre. Pausanias, qui l'a consulté lui-même, nous a laissé la

(1) A. Maury. *Histoire des Religions*, II, p. 304.

(2) Voy. les mystères célébrés par les Arekoïs en l'honneur du soleil. Moerenhout. *Voyages aux Iles océaniennes*, t. I, p. 484 et 39.

description des épreuves troublantes qu'on imposait à ceux qui osaient s'aventurer dans son antre.

C'était d'abord, une longue série de jeûnes et de prières, entremêlés de bains froids dans la rivière Hercyna. Puis des sacrifices multiples et qui devaient devenir onéreux : on sacrifiait à Trophonius, à ses enfants, à Apollon, à Saturne, à Jupiter roi, à Junon Hénioché et à Cérès Europé, qui passait pour la nourrice de Trophonius, etc... Un devin toujours présent examinait les entrailles des victimes et, quand les présages lui semblaient favorables, — ou peut-être quand le nombre des offrandes lui paraissait suffisant, — il déclarait que le dieu consentait à recevoir le consultant dans son antre. Un dernier bélier sacrifié au-dessus de cet antre pouvait annuler tous les présages heureux recueillis auparavant. Tout était à recommencer sur de nouveaux frais.

Enfin, quand Trophonius, — toujours au dire des prêtres, — se montrait disposé à rendre ses oracles, deux enfants venaient chercher le fidèle au milieu de la nuit, le faisaient baigner, l'oignaient d'huile ; puis les prêtres le conduisaient boire l'eau de deux fontaines, Lethé et Mnémosyne, pour qu'il oubliât le passé et ne se souvînt plus que du présent.

Vêtu d'une tunique de lin, ceint de bandelettes, et chaussé à la mode du pays, on le mène alors au sommet de la montagne. Là, dans une enceinte fermée, se trouve une ouverture béante comme celle d'un four. On y descend à l'aide d'une échelle légère ; au fond se voit un trou noir où il faut introduire les jambes jusqu'aux genoux. « Aussitôt, le corps entier est entraîné avec autant de violence et de rapidité que l'est un homme par un de ces tourbillons que forment les fleuves le plus grands et les plus rapides. »

On imagine aisément l'état d'esprit du malheureux pèlerin, déjà troublé par les longues cérémonies préparatoires, lorsqu'il arrivait d'une aussi étrange manière au fond de l'antre de Trophonius.

Que se passait-il alors ? Pausanias ne nous parle pas de ce qu'il a pu voir ou entendre. Il est d'ailleurs toujours très réservé sur ce chapitre délicat ; peut-être n'avait-il pas, lui aussi, conservé tout son sang-froid après cette gymnastique insolite. Il nous apprend néanmoins que « ceux qui sont parvenus au fond de l'antre secret, n'apprennent pas tous l'avenir de la même manière : il y en a en effet qui *voient* ce qui doit leur arriver, d'autres qui l'apprennent par ce qu'ils *entendent* ».

D'après cela, on peut conjecturer que les pauvres diables soumis à cette épreuve impressionnante, n'arrivaient pas au fond de l'antre sans un certain trouble d'esprit, et ils devaient être souvent victimes d'hallucinations de toutes sortes qu'ils interprétaient comme des révélations supérieures.

Cependant, quand on voit tous les subterfuges et toute cette machination suggestive que les prêtres n'hésitaient pas à employer pour terroriser les croyants, on se demande, non sans vraisemblance, s'ils ne poussaient pas plus loin l'ingéniosité, et si les voix et les apparitions, dans l'antre de Trophonius, n'étaient pas de simples jongleries de ventriloques ou de magiciens.

Quoi qu'il en soit, le patient dûment renseigné sur les choses de l'avenir, remontait vers l'ouverture et en sortait les pieds les premiers. Les prêtres l'attendaient à la sortie et l'interrogeaient sérieusement sur ce que l'oracle lui avait révélé.

Ils le remettaient alors entre les mains de ses parents et de ses amis « qui l'emportaient encore tout *possédé* par l'effroi, et incapable de se reconnaître lui-même, ni de reconnaître ceux qui l'environnaient. » Toutefois, ajoute Pausanias, la raison revient plus tard ainsi que la faculté de rire... C'est au moins une consolation.

On le voit, ce n'était pas une cérémonie bien tentante

que la consultation de l'oracle de Trophonius. Mais aussi de quel terrible prestige les prêtres qui la dirigeaient se trouvaient-ils entourés !

Ils étaient d'ailleurs impitoyables pour tous ceux qui ne prenaient pas leur oracle au sérieux. Un certain garde du corps de Démétrius étant descendu dans l'antre, avec des intentions peu scrupuleuses — peut-être pour découvrir le secret de cet oracle, — ne revit jamais la lumière ; « et son cadavre ne fut pas rejeté par l'ouverture sacrée ; on le trouva dans un autre endroit. » C'était une bonne leçon pour les curieux et les indiscrets. (1)

(1) Pausanias. — *Bœotie*, Ch. XXIX.

V

LES RÊVES FATIDIQUES

LES RÊVES FATIDIQUES

Dans l'Antiquité, les prêtres furent longtemps les seuls dispensateurs de la médecine.

De même, chez les nègres de la côte d'Afrique, les féticheurs cumulent les fonctions de médecins avec les fonctions sacerdotales. Ils assistent les mourants et pratiquent les exorcismes.

D'ailleurs, nombre de noirs sont persuadés que le féticheur possède un *démon familier* qui lui permet de connaître les choses cachées et de deviner l'avenir (1). Socrate n'avait-il pas le sien ?

Chez beaucoup de peuplades existe aussi la croyance aux esprits et aux apparitions.

« Il n'est pas rare de voir des femmes Grébos prétendre que leur frère leur est apparu. Dans ces circonstances, le fantôme ne répond pas aux interrogations qui lui sont adressées, et suit son sentier sans détourner la tête ; il porte souvent à la main le gigot caractéristique que l'on met dans sa bière ; plusieurs femmes assurent qu'elles n'ont eu connaissance de la mort

(1) Fleuriot de Langle, *Croisières à la côte d'Afrique en 1868*.

de leur frère qu'après cette *double vue* et qu'arrivant en toute hâte, elles ont trouvé leur pressentiment réalisé. » (1).

Nous ne devons pas trop sourire à la lecture de ces naïves histoires, car, de nos jours et dans les centres les plus civilisés, certaines gens se laissent aller de bonne foi à de semblables errements.

Les diseurs de bonne aventure, les somnambules, les tables tournantes auront toujours leurs consultants, tant est pressante en nous la force qui nous pousse à pénétrer les mystères de l'au delà.

Tous les peuples de l'antiquité ont cru à la vertu prophétique des songes.

Les Egyptiens, les Babyloniens, les Phéniciens, les Juifs ont eu des devins chargés d'interpréter les rêves embarrassants.

Les Grecs accordèrent la plus complète créance à l'oniromancie. Socrate accomplit nombre d'actions à la suite des avertissements que lui donnaient ses rêves, et Xénophon, son disciple, donnait l'explication de cette foi en admettant que l'âme était, pendant le sommeil, libérée de ses attaches corporelles, et conséquemment en relation plus directe avec la divinité (2). Un traité complet d'*Onirocritique*, dû à Artémidore, est parvenu jusqu'à nous.

Les féticheurs noirs tirent aussi une grande gloire de l'explication des songes.

Ceux-ci, par leur étrangeté, et par la concordance fortuite qu'ils présentent avec les événements de la vie réelle, ont été chez tous les peuples l'objet de croyances superstitieuses.

Les populations sauvages de l'Amérique croyaient

(1) *Tour du monde*, 2e semestre 1873.

(2) Xenophon. *Cyroped.* VIII, C. 7, 21 et III c. 1 et 3.

aux songes et en demandaient l'interprétation à des sorciers. Chez certaines tribus, on retrouve même des procédés pour provoquer les rêves fatidiques qui se rapprochent de ceux de l'*incubation* (1).

Telle était, en Grèce, une cérémonie divinatoire, simple assemblage de procédés de suggestion extrinsèques et intrinsèques, qui devait favoriser singulièrement l'éclosion d'accidents délirants chez les prédisposés névropathes. *Dans ce but, les hallucinations que produisent les jeûnes prolongés ont été fréquemment utilisées par les devins.* Sans parler de supercheries que les devins ne manquaient pas d'employer dans leurs explications, on peut admettre que les songes envoyés par les dieux n'étaient que la traduction d'hallucinations habilement préparées.

Ce procédé qu'on trouvait en vigueur à Epidaure, à Athènes, à Pergame, à Smyrne, etc. se continua jusqu'aux derniers temps de paganisme, et s'adapta au culte de différentes divinités (2).

Une méthode analogue éiait employée pour recueillir les prédictions des âmes des trépassés. On allait dormir, couché sur une peau de brebis, auprès des tombeaux de devins autrefois renommés, Calchas, Amphilocus, Mopsus, etc. C'est ainsi également que les Latins consultaient le dieu Faunus (3).

Ces rites païens se sont perpétués dans le christianisme, et les tombeaux des saints ont joui longtemps de la même vertu prophétique, dont ils conservent encore aujourd'hui des vestiges.

---

(1) Voy. ce que dit A. Maury des Schawines, peuplade indienne de l'Amérique. — D'après les *mémoires* de J. Tanner, Mauroy. *Hist. des Relig. Grec.* T. II, p. 447.

(2) Voy. à ce sujet Aristophane, *Plutus* 660. — Pausanias X. c. 32 et II. c. 27.

(3). Pausan. I. c. 24. — Plut., *Def. orac*, c. 45. Ovide, *Fast.* IV, 653.

Il est important de constater que ce procédé divinatoire était principalement mis en pratique par des malades désireux d'obtenir par une révélation supérieure l'indication d'un remède à leurs maux. Les temples d'Esculape, le dieu médical par excellence, étaient assidûment fréquentés et *l'incubation* formait la base des prédictions thérapeutiques.

Les consultants, après avoir accompli certaines cérémonies préparatoires, affaiblis par des jeûnes débilitants, et vivement impressionnés par la troublante obscurité du sanctuaire, passaient la nuit dans l'attente de la révélation.

Leur imagination surexcitée par ces pratiques affaiblissantes et suggestives, se trouvait dans les conditions les plus favorables à l'éclosion des rêves appropriés.

Si, par surcroît, le malade était névropathe, on s'explique facilement comment ce procédé divinatoire pouvait devenir l'origine de miraculeuses guérisons.

Chez l'hystérique, le *rêve*, même pendant le sommeil naturel, joue un rôle important dans la genèse des phénomènes délirants. Au réveil, le malade croit souvent à la réalité des visions qui l'ont impressionné.

Or, les rêves peuvent se reproduire fréquemment en affectant les mêmes caractères, et ils influencent l'état mental plus vivement encore que les hallucinations qui surviennent au cours d'une attaque.

Lorsqu'on arrive à les connaître, il est facile d'y retrouver la raison d'être de certaines modifications survenues inopinément dans l'état des malades, et qui resteraient inexplicables sans ce renseignement.

Ces rêves du sommeil naturel agissent, en effet, de la même façon que les suggestions extrinsèques.

Ils jouent le rôle d'autosuggestions inconscientes, capables de produire, par exemple, des anesthésies ou des paralysies, telles que les paralysies « on idea » de Russel Reynolds.

Si d'aventure une malade atteinte d'hémiplégie hystérique vient à rêver qu'elle est guérie, elle peut effectivement, à son réveil, ne présenter aucune trace de sa paralysie. Inversement, si elle rêve qu'elle a perdu l'usage d'un membre, elle peut être, une fois réveillée, complètement paralysée de ce membre.

Les faits de ce genre ne sont pas rares, et ils sont en tous points comparables à ceux qu'on observe dans le sommeil hypnotique ; mais leur contrôle est plus difficile à faire, car les renseignements sur le rêve du sommeil naturel manquent le plus souvent.

Dans les histoires de possession, on en retrouve de nombreux exemples ; les écrits des exorcistes et des médecins du temps, qui reproduisent en général scrupuleusement les récits des possédées, constituent des observations précieuses à cet égard et concordent exactement avec ce que l'on constate aujourd'hui chez les hystériques de nos hôpitaux.

Sœur Jeanne des Anges, la supérieure des Ursulines de Loudun, dont les accusations délirantes conduisirent au bûcher l'infortuné prêtre Urbain Grandier, nous a laissé une autobiographie très complète qui contient des renseignements pleins d'intérêt à la fois pour la médecine et l'histoire.

Parmi tant d'autres manifestations de sa névrose qui ont été analysées avec compétence par M. Gilles de la Tourette, elle raconte qu'elle fut guérie d'une *pleuralgie* et de *vomissements* incessants, à la suite d'un rêve où elle vit saint Joseph s'approcher d'elle et lui faire une onction sur le côté malade. A son réveil, tous ces symptômes qui rentrent, à n'en pas douter, dans la série des phénomènes hystériques, avaient complètement disparu (1).

L'histoire ajoute que son médecin Fauton qui la saignait à blanc depuis plus d'un mois pour une pleurésie, fut tellement bouleversé de cette guérison miraculeuse qu'il refusa net de lui continuer ses soins.

Une autre religieuse possédée, Madeleine de la Palud, qui fit grand bruit en Provence et dont les discours malveillants furent l'origine d'un procès célèbre terminé par la mort du prêtre Louis Gaufridi, eut aussi plusienrs rêves du même genre. Ayant vu, dans son sommeil, le magicien qui la torturait, et celui-ci lui ayant annoncé que les *marques* trouvées sur son corps seraient effacées, elle se réveilla en effet le lendemain, « n'estant plus marquée ». Les plaques d'anesthésie qui étaient alors considérées comme les *stigmates* du diable (et qui n'étaient en réalité que les stigmates de l'hystérie), avaient disparu sous l'influence d'une autosuggestion *onirique* du sommeil naturel, comme on voit le fait se produire à l'occasion du sommeil hypnotique (2).

Jean Vier, dont l'esprit critique et judicieux s'efforçait de mettre en son temps un frein à l'acharnement des prêtres contre les prétendus sorciers, s'est élevé à plnsieurs reprises contre les accusations dont les rêves de ces malheureux névropathes étaient souvent le point de départ. « Puisque le sorcier est là, dit-il en substance, dormant devant nous, il ne peut être en même temps au sabbat : donc, il est innocent de ce crime dont on l'accuse à tort, simplement parce qu'il a raconté ce qu'il a cru voir en rêve. »

---

(1) Voy. Gilles de la Tourette et Legué, *Autobiographie d'une religieuse*, etc.

(2) Au dernier Congrès des médecins aliénistes et neurologistes, tenu à Clermont-Ferrand (août 1894), M. Pitres et M. Régis ont rapporté plusieurs exemples très démonstratifs de ces hallucinations oniriques.

Mais les démonophobes de l'époque lui répondaient que le diable était bien capable d'abuser nos sens : « C'est une finesse du maling esprit, disait Bodin, faicte pour tromper les hommes. »

Et, niant l'évidence, on brûlait des gens qui n'avaient fait que rêver de crimes imaginaires.

Ces faits, dont on pourrait facilement multiplier le nombre, sont bien de nature à éclairer le mystérieux pouvoir de *l'incubation*. Nul doute que, parmi les consultants, il ne se trouvât souvent des hystériques que les jeûnes et les pratiques impressionnantes du culte préparaient à des rêves capables de produire de semblables transformations.

Il est à remarquer, d'ailleurs, que le rêve porte, en général, sur les faits saillants qui se sont passés la veille, plus ou moins dénaturés suivant les cas.

Chez l'individu normal, le rêve laisse au réveil une impression tantôt confuse, tantôt précise, mais jamais assez forte pour entraîner une modification physique ou psychique durables. Il en est autrement chez l'hystérique dont la suggestibilité est sensible à l'excès et qui garde de son rêve des *marques* visibles.

On conçoit donc l'importance des suggestions préparatoires, produites par les cérémonies de l'incubation, et l'on s'explique aisément, et la nature des rêves, et leurs effets thérapeutiques surprenants.

La foi que les malades avaient en la puissance de la divinité médicale venait en aide à cette guérison, agissant comme une suggestion salutaire dont les prêtres ne pouvaient manquer d'utiliser les effets précieux.

Il en est des miracles attribués à Esculape comme de beaucoup d'autres guérisons merveilleuses dont l'explication médicale s'impose aujourd'hui. Les cérémonies analogues à l'incubation qu'on retrouve chez les peuples sauvages sont justiciables de la même interprétation.

C'est « la foi qui guérit », la *faith-healing* dont Charcot disait dans une des dernières pages qu'il ait écrites : « La mise en œuvre du *fait-healing* a, dans tous les temps, dans toutes les latitudes, chez les païens, les chrétiens, comme chez les musulmans, revêtu le même caractère. Les sanctuaires et les pratiques propitiatoires sont analogues. Les statues du dieu guérisseur seul diffèrent, mais l'esprit humain, toujours lui-même dans ses grandes manifestations, les confond toutes dans une même évocation. » (1).

A titre de curiosité, et sans y insister davantage, on peut encore signaler une analogie singulière entre les croyances de la race noire et celles des anciens.

On sait que les serpents ont été et sont encore l'objet d'une vénération particulière de la part d'un grand nombre de peuples.

En Egypte, les *serpents* étaient sacrés : on les traitait avec la plus grande déférence. Les statues d'Isis en étaient couronnées ; les prêtres en portaient autour de leurs bonnets, et les rois sur leurs diadèmes (2).

On voit encore des Indous entretenir chez eux des *capels*, dont la morsure est des plus venimeuses. Dans certains temples, les Brahmanes nourrissent des serpents de la même espèce.

Les anciens Lithuaniens élevaient des serpents dans leurs maisons, leur offrant des sacrifices, et tiraient des présages de la manière dont ces reptiles acceptaient ces offrandes (3).

---

(1) Rev. Hebdom. 3 déc. 1892.

(2) Diodore de Sicile, V.

(3) Voyez A. Maury, *Histoire des Religions grecques*, t. II, p. 463.

Les habitants des îles Viti croient que l'Être suprême a la forme d'un serpent et habite certaines grottes mystérieuses.

Au Congo, au Dahomé, à Haïti, l'*ophiolâtrie* se manifeste aussi dans les pratiques religieuses.

En résumé, les serpents ont joué de tout temps et chez tous les peuples un grand rôle dans les légendes religieuses. Leur forme, leurs mouvements, leurs qualités malfaisantes et l'horreur instinctive qu'ils inspirent à l'homme comme aux autres animaux ont contribué à leur faire tenir une place importante dans les traditions mythiques.

De bonne heure, la divination s'étant intimement liée à la médecine, le serpent devint l'attribut du médecin, dieu ou homme. En Grèce, on connaît la légende du serpent Python qu'Apollon tua de ses flèches. On élevait à Epidaure un de ces animaux regardé comme l'image d'Esculape. Et ce reptile fut porté plus tard à Rome, sur un char traîné par des mules (1).

Le faux prophète de Lucien n'a pas manqué d'utiliser le serpent dans ses jongleries, afin d'impressionner plus profondément ses naïfs clients (2).

Quant à la raison de cette introduction du serpent dans les pratiques divinatoires, elle est assez difficile à saisir.

Les mythographes symbolistes ont voulu expliquer la vertu prophétique attribuée aux reptiles par ce fait qu'ils sont en contact immédiat avec la terre, source de toute inspiration. Elien prétend que le serpent est le symbole de la divination, parce qu'il sent plus vite que les autres animaux les changements qui s'opèrent dans l'atmosphère (3).

---

(1) Pausanias II, C. 25.

(2) Lucien, *Alex.*

(3) *Elien.* De nat. animal. IV. 16.

Au lieu de ces explications, ingénieuses peut-être, mais assurément trop compliquées pour avoir pu germer dans l'esprit des populations incultes, il semble plus naturel d'admettre que la crainte instinctive ou raisonnée des reptiles ait contribué pour la plus large part à les rendre l'objet d'une considération particulière.

De plus, étant donné l'étroite intimité qui relie les pratiques divinatoires aux accidents nerveux d'origine hystérique, on ne peut omettre de relever la fréquence des visions d'animaux dans le période délirante de l'attaque, et nous avons vu que celle-ci faisait souvent partie du rituel fatidique.

La zoopsie des hystériques peut porter sur toutes sortes de bêtes : rats, chats, singes, araignées, corbeaux, etc. ; mais les serpents reparaissent fréquemment et les visions sont d'autant plus précises et d'autant mieux rendues que l'animal incriminé est l'objet d'une plus vive répugnance.

Ainsi s'exprimait dans son délire, au cours d'une de ses attaques, une grande hystérique de la Salpétrière :

« De grâce, délivrez-moi !.. On me tient les jambes. . Ils me laissent toutes ces vipères monter dans le corps... Des vipères !... Des vipères, j'en ai plein mon lit ; ôtez-les ;.... de grâce, enlevez-les (1) !. . »

Enfin, le christianisme a considéré le serpent comme l'incarnation du diable ; aussi les visions de reptiles étaient-elles fréquentes chez les possédées religieuses,

Sœur Jeanne des Anges voyait souvent un « serpent rampant sur la terre et hurlant comme un chien » (2).

Madeleine de La Pallud « eut un jour une vision fort espouvantable, voyant deux diables en forme de serpent... et la frayeur de ce spectacle lui dura encore

(1) P. Richer. *Traité Clin. de l'Hyst.*, p. 125.

(2) Gilles de la Tourette et Legué, *l. c.*

beaucoup après l'exorcisme, et mesme lorsqu'elle le racontait » (1).

Saint Ignace de Loyola eut souvent des hallucinations où le diable se montrait à ses yeux sous forme de serpent (2).

Et tant d'autres visionnaires, chez qui l'idée obsédante du démon ramenait à chaque nouvelle crise cette hallucination terrifiante.

Dans l'antiquité, les récits de semblables visions accompagnés de l'appareil saisissant des crises hystériques, pendant les cérémonies divinatoires, ont certainement contribué à accréditer cette opinion que les serpents jouissaient d'une vertu prophétique.

La terreur des reptiles, augmentant aussi l'épouvante des assistants, renforçait le prestige de l'instrument névropathique utilisé pour rendre les oracles. Des faits de ce genre ont pu contribuer, sinon à donner naissance, du moins à faire ajouter foi au culte de l'ophiolâtrie qu'on retrouve chez tant de peuples noirs.

Sans insister sur cette explication, on voit pourtant qu'elle permet de mettre en évidence un nouveau lien entre les pratiques superstitieuses de l'Antiquité et celles des populations sauvages.

Ici, encore, la similitude des croyances et des coutumes semble trouver sa raison d'être dans des phénomènes pathologiques identiques.

---

(1) Michaelis, I, p. 183.

(2) Maffeio. *De vita et moribus Ignatii Loyolæ.* L. I et VII.

CONCLUSIONS

CONCLUSIONS

Je clos ici la série des exemples que j'ai puisés à dessein aux sources les plus disparates pour montrer que leurs analogies sont indépendantes des conditions de temps et de lieu. Aussi bien, aurais-je pu aisément en multiplier le nombre, et pourra-t-on d'un jour à l'autre en signaler de nouveaux.

Si je me suis plus spécialement attaché à ceux que j'ai relevés chez les peuplades noires de l'Afrique centrale, c'est qu'ils m'ont paru plus démonstratifs et surtout moins connus. Je ne parle pas des rapprochements que, chemin faisant, j'ai cru devoir faire avec les peuples anciens, me réservant de revenir avec détails sur les manifestations névropathiques dont on peut retrouver les vestiges dans l'Antiquité.

A ne s'en tenir qu'aux faits décrits et critiqués chez les races les plus primitives qui peuplent notre globe, je crois qu'on ne saurait en contester l'intérêt, car cet intérêt existe pour le médecin, pour l'historien et pour le philosophe.

C'est d'abord la consécration d'un nouveau paragraphe ajouté depuis peu au chapitre étiologique de l'hystérie.

Celle-ci appartient à tous les âges de la vie et de l'histoire ; elle est aussi de tous les climats et de toutes les races.

Toutefois — en faisant abstraction du laconisme des descriptions du fait de l'incurie des observateurs, ou par suite de l'absence de certains symptômes, — une réserve s'impose.

S'il est vrai que nombre des cas que nous avons cités relèvent de la névrose, il en est d'autres pour lesquels on ne saurait sans témérité formuler ce diagnostic.

Le mot d'Hystérie, depuis qu'il est au monde, a subi déjà bien des vicissitudes, et son histoire serait pleine d'enseignements. A ne juger que par les travaux parus depuis ces dernières années, on peut se rendre compte de la complexité des problèmes qu'il soulève.

Charcot a eu l'immense mérite de faire la lumière dans le chaos des névroses, et d'en extraire une maladie bien définie par des signes somatiques qui défient toute contestation. Certains lui reprochent d'avoir poussé à l'excès la schématisation ; un tel reproche est immérité, car sans cette « méthode des types » en laquelle il excellait, aucun progrès n'est réalisable en clinique.

D'ailleurs, les types créés pour les besoins de la cause sont susceptibles de révision, et au fur et à mesure que des cas nouveaux se font connaître, il devient nécessaire de modifier la conception première.

Il en est ainsi de l'hystérie.

Aux « cas d'études » qui ont servi à édifier le type clinique, sont venus s'ajouter des cas frustes ou anormaux, pour lesquels le besoin d'une classification nouvelle s'est bientôt fait sentir. Les cadres ordinaires ne se prêtant plus à la répartition des exemples observés, on a songé à renouveler la base même de la classification. Et l'hystérie que Charcot avait fait sortir, après bien des résistances, de l'obscur domaine des névroses et des vésanies, tend à reprendre rang aujourd'hui parmi les maladies mentales.

La science bénéficiera-t-elle de ce changement? Il serait prématuré de le soutenir.

Quoi qu'il en soit, le rôle des perturbations psychologiques dans la genèse des accidents délirants de l'hystérie et dans la production des phénomènes somatiques et des crises convulsives, semble être devenu capital: le fait est attesté par les importants travaux de M. P. Janet (1).

On conçoit, dès lors, les difficultés sans nombre qui surgissent au moment où l'on veut formuler un diagnostic, puisque celui-ci relève de la constatation d'un désordre purement psychique.

L'analyse du *délire hystérique* devient ardue, même dans les cas les plus simples en apparence. A *fortiori* devient-elle malaisée, parfois même tout à fait impossible, quand les renseignements sont incomplets, quand il s'agit d'un diagnostic à distance et basé sur de très sommaires indications.

Ces considérations n'ont d'autre but que d'expliquer la réserve que je me suis imposée, en évitant de préciser le diagnostic d'hystérie dans tous les cas où les accidents nerveux relatés par les voyageurs ne me paraissaient pas suffisamment caractéristiques.

Il est fort possible — il est même infiniment vraisemblable — que dans certains exemples cités au cours de cette étude, les phénomènes névropathiques mis en évidence, soient identiques à ceux qu'on voit survenir

---

(1) P. Janet. *Les stigmates mentaux. — Les accidents mentaux.* — Bibl. Charcot-Debove-Rueff. 1893.

sous des influences analogues chez les sujets manifestement reconnus hystériques. Mais, n'ayant pas pour étayer le diagnostic, les constatations irréprochables des signes somatiques ou des accidents convulsifs spécifiques, il m'eût paru osé de porter un jugement catégorique.

D'autre part, en ce qui concerne les *idées de possession*, par exemple, l'hystérie n'est pas seule à incriminer.

Celles-là peuvent même exister — et sous leur forme la plus saisissante — en dehors des phénomènes qui appartiennent en propre à la névrose.

C'est ainsi qu'on les voit prendre naissance et se coordonner en un délire systématisé, chez des sujets qui n'ont aucun stigmate physique ou psychique de l'hystérie.

Le trouble mental que constituent les hallucinations psycho-motrices, les hallucinations verbales motrices surtout, peut être l'origine d'un délire qui rappelle, à s'y méprendre, celui des possédées du Moyen Age.

M. Séglas a rapporté de cet ordre de faits, des exemples très démonstratifs. Il importe de ne pas les perdre de vue, car on peut y trouver la raison d'être de certains délires de possession, qu'en l'absence de signes somatiques évidents, on ne saurait rapporter à l'hystérie.

Enfin, d'autres phénomènes névropathiques, — ceux par exemple que nous avons vus survenir si fréquemment au cours des danses désordonnées, — ne relèvent pas toujours de la névrose. On peut les voir se produire chez des sujets qui n'ont aucun des stigmates classiques de l'hystérie. S'ensuit-il qu'ils ne doivent pas être considérés comme les manifestations d'un trouble pathologique véritable ? Dans bien des cas, on ne saurait l'admettre.

C'est qu'en effet la transition entre les états biologiques normaux et ceux qui relèvent d'un désordre maladif est insensible, surtout en ce qui concerne les états psychiques.

Les altérations de la conscience ou de la personnalité, dont l'existence est incontestable dans l'hystérie, s'observent aussi chez des sujets indemnes de toute tare hystérique. Ils n'en sont pas moins des malades — ou pour employer un mot tombé dans le langage courant — des *déséquilibrés*, qui, sous l'influence d'une émotion violente, d'une agitation insolite, d'une forte excitation sensorielle, ou simplement d'une idée fixe prédominante, perdent cet équilibre mental indispensable au fonctionnement régulier des phénomènes vitaux.

De là, ces gesticulations extravagantes, ces danses tumultueuses, ces cris et ces transports d'énergumènes ou d'inspirés, qui offrent tant d'analogies avec ceux des hystériques véritables, au cours de la période délirante de leur attaque.

Chez les hystériques, comme chez ceux qui n'ont pas le stigmate de la névrose, ils traduisent une simple perturbation de la conscience, temporaire souvent, mais qui, se reproduisant à diverses reprises, peut devenir permanente et créer ainsi un trouble mental à demeure.

Ainsi s'expliquent ces actes surprenants, ces gestes désordonnés, ces paroles incohérentes qu'on retrouve à chaque instant dans l'histoire des Possédés des dieux ou du diable, anciens et modernes, chez les nègres comme chez les blancs.

Il conviendrait assurément d'entrer dans de plus amples développements sur le rôle des perturbations psychiques dans la genèse des phénomènes nerveux relatés au cours de cette étude.

Mais on ne peut, pour des cas aussi lointains et aussi sommairement observés, formuler que des hypothèses. Des constatations ultérieures faites par des observateurs plus éclairés viendront peut-être un jour en faire voir la légitimité.

Ces réserves faites, en ce qui concerne les exemples insuffisamment explicites, une conclusion beaucoup plus ferme se dégage de cette étude.

C'est la fréquence de l'hystérie chez les peuples noirs.

On le sait de reste, car M. Gilles de la Tourette, auquel nous devons le Traité de l'Hystérie le plus complet paru jusqu'à ce jour, disait déjà en 1891 (1) :

« On observe l'hystérie sous toutes les latitudes. Elle est fréquente dans la race noire, chez les femmes hottentotes du Cap, en Abyssinie, à Tunis, en Sénégambie, dans l'Ogoué.

» En 1863-1864, il y eut une épidémie de choréomanie à Madagascar, rappelant celles du Moyen-Age. Elle sévit principalement sur les filles et les femmes à la suite de l'assassinat de Radana II.

» D'après Courbon, les formes de l'hystérie seraient graves en Abyssinie ; elles se caractériseraient surtout par des troubles cérébraux. »

M. Gilles de la Tourette cite encore d'autres exemples d'hystérie avérée chez les populations du Brésil, chez les femmes hindoues, chez les tirailleurs annamites et tonkinois, etc.

Il parle aussi d'une jeune négresse Banbara, faite captive au Soudan, amenée en esclavage de Tombouctou à Tunis, et que nous avons vue nous même à la Salpêtrière, dans le service de M. le Dr Charcot. Elle présentait au complet les stigmates permanents et les attaques les plus classiques de la grande hystérie.

« Que conclure de tout cela, sinon à l'endemie générale de l'hystérie, dans les pays tropicaux comme dans les zones glacées qu'habitent les Lapons et les Samoyèdes? » (2)

---

(1) Gilles de la Tourelle, *Traité clinique et thérapeutique de l'hystérie,* Plon, 1891, p. 121.

(2) Gilles de la Tourelle, *loc. cit.* p. 123.

Ainsi, la cause est bien jugée ; mais de nouveaux témoignages ne sont jamais inutiles, d'autant que certains auteurs ont nié l'existence de l'hystérie dans la race noire.

Hammond en particulier rapporte que, d'après les renseignements qu'il a recueillis, l'hystérie était à peu près inconnue chez les nègres avant la période de l'esclavage.

Déjà Ph. Ray, allant à l'encontre de cette assertion d'Hammond, écrivait :

« Je crois cependant que cette opinion est erronée, car nous trouvons les cas les plus typiques d'hystérie chez le nègre au milieu de l'*excitation produite par le fanatisme religieux*, et ces scènes étaient assurément fréquentes au temps de l'esclavage. Aujourd'hui la maladie sous toutes ses formes, est certainement très commune chez le nègre. (1) »

Les exemples que j'ai recueillis confirment entièrement cette manière de voir.

Assurément, l'hystérie existe chez les peuples noirs, et c'est à l'occasion des cérémonies religieuses qu'on la voit se révéler, parfois avec un caractère de pureté et de perfection qu'on retrouve dans les cas les plus démonstratifs de nos hôpitaux.

Les agents provocateurs de l'attaque convulsive sont eux aussi à quelques détails près, les mêmes que ceux qu'on utilise dans les cliniques des maladies nerveuses.

N'avons-nous pas vu que les crises survenaient le plus souvent à l'occasion d'une musique bruyante, au son du tam-tam, ou bien à la suite de la fixation prolongée d'un corps brillant, la lune par exemple ?

---

(1). Ph. Ray. L'*Hystérie chez le nègre*. The New-York médical Record, 14 juillet 1888. Trad. dans l'Encephale, 1888, p. 564, cité par Gilles de la Tourette.

Enfin, si les récits des voyageurs ne nous donnent pas la description schématique de l'attaque telle que les traités de nosographie nous l'enseignent, il est impossible de ne pas reconnaître, dans certaines de leurs narrations, toute la série des accidents convulsifs, délirants et léthargiques, que les nécessités de la démonstration ont fait répartir suivant les quatre périodes classiques, mais qui, dans la pratique, se présentent rarement avec cet ordre quasi-mathématique.

D'ailleurs, les mêmes reproches peuvent être adressés aux récits des écrivains du Moyen-Age, sur lesquels on s'est appuyé pour démontrer que les possédées du diable étaient de simples hystériques. Cependant cette conjecture est admise aujourd'hui sans conteste.

Voilà qui peut garantir la légitimité de l'interprétation des faits similaires observés chez les peuples noirs.

A un point de vue beaucoup plus général, une dernière remarque se dégage des faits recueillis et critiqués dans ce travail : *c'est le rôle capital que jouent les manifestations névropathiques dans l'histoire des religions et dans les pratiques de tous les cultes.*

Dans tous les pays du monde, aux temps anciens comme aux temps modernes, chez les races les plus primitives comme chez les peuples les plus civilisés, on retrouve des croyances et des rituels similaires.

Les mythographes et les théologiens ont multiplié les conjectures sans aboutir à des conclusions irréprochables. Applicables à certains cas particuliers, leurs explications deviennent inadmissibles pour d'autres exemples.

Prétendre que les rites religieux, émanés d'un centre unique, se sont propagés de peuple à peuple, franchissant les terres et les mers et se perpétuant par la tradition à travers les années, c'est faire bien large la part de l'hypothèse et c'est refuser à l'esprit humain ses facultés natives les plus élémentaires.

Le sauvage, si grossier qu'il soit, est encore capable de raisonnement et, la foi aidant, toutes les croyances peuvent apparaître.

Or, chaque peuple a sa foi et rapporte à une Puissance Supérieure les faits qui lui semblent inexplicables.

La mort est le premier mystère qui suscite l'idée d'une force extra humaine. La maladie vient ensuite. Ne frappe-t-elle pas, elle aussi, souvent à l'improviste, et sans qu'aucune ressource terrestre puisse lutter contre ses atteintes ?

Tout ce qui dérange l'équilibre vital peut donc être attribué à l'action d'un pouvoir surnaturel, puisqu'il n'existe pas de moyens de remédier à ce bouleversement.

De là à considérer comme des manifestations d'une puissance supérieure, les phénomènes nerveux qui contrastent avec les lois ordinaires de l'équilibre vital, il n'y avait pas loin.

Ainsi s'explique que tous les peuples, à tous les âges, aient jugé de la même façon les accidents mentaux ou névropathiques, les rapportant à l'intervention de l'Etre Suprême auquel ils se reconnaissent fatalement soumis.

Le *délirant* est devenu *prophète*, parce que ses discours différents de ceux des autres hommes, semblaient dictés par une voix qu'on n'entendait pas.

L'*halluciné* est devenu *voyant* parce qu'il disait voir des choses que les autres ne voyaient pas.

L'*hystérique* est devenu *possédé*, parce que ses convulsions n'avaient plus rien de la logique des mouvements de l'homme, et que, dans son délire, il exprimait des choses que nul ne pouvait contrôler.

Si l'on tient compte enfin du rôle joué par les féticheurs et par les prêtres, qui — de bonne foi ou par calcul — entretiennent ces superstitions par un ensemble de suggestions appropriées, on s'explique aisément l'origine de ces croyances et de ces pratiques religieuses, ainsi que leur similitude chez tous les peuples et dans les pays du monde.

Le corps et l'esprit de l'homme ont été, et sont partout, soumis aux mêmes lois de nature. En tous lieux et à tous âges, ils ont les mêmes qualités natives que l'éducation héréditaire ou acquise perfectionne plus ou moins. Mais ils sont, partout et toujours, exposés l'un et l'autre aux mêmes vicissitudes.

Par là, s'explique l'identité des phénomènes normaux et anormaux de la vie humaine, ainsi que la similitude des croyances auxquelles ils ont donné lieu, en tous temps et par tous pays.

Par là aussi — corrolairement — s'explique le rôle que les manifestations névropathiques ont joué, et jouent encore, dans l'histoire des religions.

TABLE DES CHAPITRES

TABLE DES CHAPITRES

Pages

Avant-Propos 5

I. Les Possédées Noires 11

II. Les Danses Névropathiques 23

III. Les Sectes Tapageuses 35

IV. Les Rites Mystérieux 49

V. Les Rêves Fatidiques 63

Conclusions 77

Paris. — Imprimerie SCHILLER, 10, rue du Faubourg-Montmartre.

www.ingramcontent.com/pod-product-compliance
Lightning Source LLC
LaVergne TN
LVHW020423230826
846091LV00004B/1392
9782019963514